AM🐾R DE PANA

JUAN MANUEL JIMENO RODENAS

AM🐾R DE PANA

MOLINO

Papel certificado por el Forest Stewardship Council®

Primera edición: mayo de 2024

© 2024, Juan Manuel Jimeno Rodenas
© Edición de Javier Miró Gómez
© 2024, Penguin Random House Grupo Editorial, S. A. U.
Travessera de Gràcia, 47-49. 08021 Barcelona
Fotografías: cedidas por el autor

Printed in Spain — Impreso en España

ISBN: 978-84-272-4157-2
Depósito legal: B-4.548-2024

Compuesto por Francisco Javier Martínez Lavandeira
Impreso en Rodesa
Villatuerta (Navarra)

MO 41572

Dedicado a todos los panas del refugio

ÍNDICE

ÍNDICE

INTRODUCCIÓN

Me llamo Juan Manuel Jimeno Rodenas, Juanma para los que están más cerca de mí, El de los Perros para los vecinos del pueblo donde tengo el refugio, y @ecojuanmanuel el de Zooasis para aquellos miles de personas que me siguen en las redes sociales.

Esta es la historia de cómo un día dejé de dar saltos por las calles de Albacete para dedicarme por entero a lo que más me gusta: vivir por y para los perros, mis panas, por los que haría cualquier cosa.

Literalmente.

En estas páginas te cuento cómo monté el refugio, de dónde salió la idea, cómo fueron los inicios (y lo de en medio y los finales, de momento), quiénes dan la batalla cada día conmigo y, por supuesto, la historia de mis panas, que siempre merece ser contada.

Acompáñame en estas páginas y vamos a descubrir todo

lo que hay detrás de este caos maravilloso que es el día a día en Zooasis. Mi día a día.

Ah, una cosa importante antes de meternos en harina: la vida en un refugio es un no parar y está llena de momentos memorables. Por desgracia, algunos de ellos son difíciles, duros y hasta tristes. La mayor parte de lo que aquí cuento tiene un final feliz, claro, pero hay alguna cosa que a lo mejor no es apta para todos los públicos. Tampoco es para que leas tapándote la cara con una mano; solo para que te sirva de aviso.

LA IDEA
DEL REFUGIO

scribo esto con una sola mano porque me acaban de
operar de una rotura de ligamento en el hombro izquierdo y me han dejado todo el brazo inutilizado. ¿Que
por qué tengo esto? Pues porque con veintidós años me
lesioné haciendo *parkour*. Y me lo tomaba en serio, llegué
a ser sexto a nivel mundial en *speed*, que se trata de pasar
obstáculos a toda leche. Muy poco me pasó para los guarrazos que me llegué a meter, la verdad.

Sin embargo, la lesión que me sacó de la competición
fue otra. Me partí el ligamento cruzado y el menisco de
una rodilla. Casi nada. Así que el momento de la retirada
llegó de sopetón. El *parkour* fue mi vida durante muchos
años y disfruté cada minuto que le dediqué, pero bueno,
igual tocaba centrarme en otros proyectos.

Mi familia, aunque siempre me apoyó, la verdad es que
respiró tranquila cuando dejé de dar saltos y piruetas a

varios metros de altura. Esto no me lo confesaron, pero sé que es así.

En fin, que había llegado el momento de empezar a hacer realidad otro deseo que tenía. Uno relacionado con mi otra gran pasión: los perros.

Mi historia con los peludos viene de muy lejos. Siempre me han parecido seres especiales y puros, llenos de la mejor energía; puro amor. No se guardan nada para sí y ofrecen todo su cariño, aunque sus panas humanos no siempre sean merecedores de él. Por eso, porque los humanos muchas veces no estamos a la altura de tanto amor perruno, hay abandono, dejadez y maltrato. Es lo que hace que haya tantos refugios. Y los que faltan todavía.

Desde muy niño fui consciente de que había muchos perros sin hogar y del problema que eso suponía. Y eso que todavía no sabía que la situación de muchos de ellos es lamentable, algo que vino después. Así que, desde hace unos años, colaboro con varias asociaciones, protectoras y refugios en Albacete, mi ciudad. A la última, Dejando huella, le guardo un especial cariño.

Pero no todo es de color de rosa y, pese a que los distintos refugios hacen un trabajo diario bestial que no está pagado con nada, descubrí que no me gustaban todas las formas de ayudar a los perros. Pensé que se podía hacer de una manera mejor. Por eso mismo, muy pronto empezó a rondarme la idea de sacar adelante mi propio refugio. Trabajar para mis panas, pero a mi manera. De todas formas, y por desgracia, un nuevo refugio para ayudar a animales abandonados nunca sobra.

Corría el bonito año 2020. «Bonito» por llamarlo de alguna manera, ya sabes. Yo había tenido ya mi último desencuentro con las organizaciones de ayuda animal y ya pensaba en abrir las alas. Pero me faltaban muchas cosas, entre ellas, un terreno, porque a los perretes había que meterlos en algún sitio y tampoco me valía uno cualquiera. Tenía que ser espacioso, fácil de mantener limpio y, a poder ser, en la naturaleza, que es donde mejor se sienten los animales. Como te podrás imaginar, con lo cotizado que está el suelo en los últimos tiempos, no era algo tan simple.

La suerte quiso que mi familia contase con un terreno en mitad del campo. En medio de la nada, en el término de San Pedro, provincia de Albacete, poseíamos diez hectáreas que daban más que de sobra para un buen refugio (más adelante te contaré cómo es, para que veas que es inmejorable). Así que tenía entre manos una oportunidad estupenda y tenía que aprovecharla.

Por cierto, el pueblo se llama así, San Pedro a secas. Ni San Pedro del Monte ni San Pedro de Villacañas ni nada por el estilo. San Pedro tal cual. Son así de chulos.

Una vez que ya sabía lo que quería y que tenía un lugar donde llevarlo a cabo, me faltaba ponerme manos a la obra. Fue entonces cuando me di de narices contra un muro que no me esperaba. Y dolió, casi tanto como llevarme un farolazo en los morros cuando hacía *parkour*.

Estoy hablando del primer impedimento con el que se encontró el refugio: el papeleo. Aprovecho la ocasión para mandarle un saludo a mis amigos los burócratas. Gracias a ellos se organiza algo tan complejo como un país entero y hay que estarles agradecidos, pero, madre mía, menudo dolor de muelas. Lo fue entonces y lo sigue siendo ahora, casi cuatro años después.

Pero mejor lo cuento con más detalle en el siguiente capítulo.

EL PAPELEO
NUESTRO DE CADA DÍA

Cuando me propuse montar el refugio, quería hacerlo bien. Esto no era un proyecto en el que yo me metía porque me aburría y un día me había dicho: «Anda, se me ha ocurrido que voy a apañar un corral para perretes sin hogar». No, yo quería un refugio de verdad, de acuerdo con la ley, con sus permisos y papeles en regla. Algo que perdurase incluso si llegaba el día en el que yo ya no estuviera (porque los perros van a necesitar ayuda siempre).

Por mi experiencia previa en otras asociaciones y refugios con los que había colaborado, ya sabía que hay un buen montón de leyes y regulaciones con las que lidiar. Así que iba preparado. Sin embargo, luego me di cuenta de que a lo mejor estaba siendo un poquito ingenuo.

Yo creía que teniendo el terreno, el tiempo y algunos recursos para dedicar a esto, solo me haría falta un poquito de esfuerzo para sacarlo adelante. Ay. Permisos, revisiones, técnicos, leyes, burócratas, ventanillas, páginas web que no ayudan en nada, firmas digitales, sellos, ayuntamientos, diputaciones. Papeleo, papeleo, papeleo.

También estaba el tema económico. Eso ya es el cuento de nunca acabar. Tasas, impuestos, planes de viabilidad… Si me lo propusiera, podría empapelar toda mi casa solo con los papeles de las tasas. Tasas que, por supuesto, hay que pagar por adelantado y a tocateja. Bolsillos pequeños (o rotos), mejor abstenerse.

Pero es que eso no era todo. Lo peor era el tiempo que ese papeleo requería, porque ya no solo vale con presentarlo todo tal y como te piden y cuando te piden, sino que encima hay que esperar para seguir adelante. Una locura.

Recuerdo la mañana que agarré mi carpeta con mi proyecto para ver a la aparejadora del ayuntamiento. Yo iba contento porque tenía mi terreno y la valla levantada y estaba listo para empezar el refugio. Qué iluso, chaval. Y qué baño de realidad me llevé.

Me dijo que necesitaba el visto bueno de un ingeniero, el correspondiente permiso de movimiento de tierras según el tipo de valla (que al parecer no era el mismo si se trataba de una alambrada que si era un muro de hormigón) y no sé cuántas cosas más.

Recuerdo llegar a casa esa misma mañana, dejar la carpeta sobre la mesa, sentarme y ponerme a llorar como un crío porque vi que era imposible montar lo que yo quería con los apenas quinientos euros que tenía en la cuenta (de haber estado currando en un McDonald's).

Viendo que era más fácil que el Albacete ganara una Champions que obtener todos los permisos (de verdad que creo que todavía a día de hoy estaría esperando), tomé una decisión. Y sí, fue una decisión controvertida, arriesgada y que me llevó un tiempo tomar. Pero algo había que hacer y yo no soy mucho de quedarme de brazos cruzados como un «pasmao». Recuerda, tengo un brazo en cabestrillo mientras escribo esto.

Así que me dije: «Vamos a empezar a montar esto y ya llegarán los permisos cuando tengan que llegar».

Sí, me estaba arriesgando a recibir multas, pero prefería enfrentarme a eso antes que ver mi proyecto parado de forma indefinida. Además, yo ya sabía todo lo necesario para montar un refugio. Y no estaba solo: contaba con la ayuda de amigos también de este mundillo, quienes me podían aconsejar o echarme un cable cuando hiciera falta. Así que me lancé. Con todo, sin miedo al éxito.

Monté el refugio con mis recursos y abrí las redes sociales. Me planteé Zooasis como una empresa desde el principio: igual que en cualquier otra compañía, para que saliera adelante tenía que conseguir dinero como fuera. Y, una vez estuviera en funcionamiento, pues ya se vería. Sí, puede parecer una locura, pero es un enfoque que funcionó. Si no, no estaríamos hoy aquí.

Tengo que decir que todo ha salido (y está saliendo, que todavía seguimos peleando) bien. Es cierto que he tenido que afrontar alguna multa y varios avisos de que nos van a cerrar, pero, de nuevo, una vez que el refugio está en marcha, ya nada puede detenerlo.

En esto último se ha demostrado muy útil el uso de las redes sociales y la difusión (luego te hablo de ese tema). Como en muy poco tiempo ya nos conocía mucha gente, cerrarnos se convirtió en un asunto peliagudo (a ningún político le gusta la mala prensa, las cosas como son). Además, los vecinos del pueblo me apoyaron desde el principio porque están contentos con la labor que estamos haciendo en el refugio. En San Pedro son chulos, ¡pero también buena gente!

Además, también confío en mi capacidad de coger el coche y plantarme en un ayuntamiento o donde haga falta para convencer a quien sea de que en Zooasis lo estamos haciendo bien y no merecemos que nos castiguen. De momento, he conseguido que nos perdonen un buen pico (la penúltima multa ha pasado de miles de euros a solo noventa, y la última se ha quedado en nada). Y, por supuesto, ni hablar de cerrarnos.

El refugio sigue adelante. Cada día con más fuerza y salud.

AYUDA DE
LA DE VERDAD

Aunque en el capítulo anterior lo parezca, no soy mucho de quejarme. Está claro que necesito mi tiempo y mi espacio para encajar los golpes, pero procuro no centrarme en lo negativo y mirar siempre hacia adelante. Así es como creo que crecen los proyectos.

Pero eso no significa que tengamos que hacerlo todo solos. De hecho, creo que es bueno reconocer que necesitamos ayuda. Y pedirla. A mí me hizo falta mucha, sobre todo la de mi chica y mi familia, quienes fueron fundamentales en los inicios (como has visto, no fueron un paseo por un jardín).

Me hace gracia cuando alguien da por hecho que Zooasis recibe subvenciones o ayuda de algún organismo del Gobierno. No, amigo, ni hemos visto —ni creo que vayamos a ver— ni un solo céntimo por parte del ayuntamiento, la diputación, la comunidad autónoma, el Estado o la Unión Europea. Nada, cero. De ellos, más bien trabas, como hemos visto antes.

Esto no es una crítica hacia esos organismos (bueno, un poquito sí). En realidad, lo de no pedir ayuda gubernamental es una decisión mía. Desde el principio he tenido muy claro que no quiero andar cerca de las instituciones. ¿Por qué? Porque las llevan políticos, y los políticos se dedican siempre al arte de arrimar el ascua a su sardina.

Yo no quiero alinearme con nadie, ni persona ni partido político. En Zooasis no nos casamos con nadie. Yo quiero que este sea un proyecto cien por cien neutral. Y es que la política no tiene nada que ver con los animales. O dicho de otra forma: la única política que me interesa es la del bienestar de mis panas. Mi único objetivo es que encuentren la familia que se merecen. Y ya está.

Bueno, que siempre acabo yéndome por las ramas. Ahora que el punto anterior ha quedado ya claro, vamos a ver quién me echó un buen cable para arrancar este proyecto. Y es que ayuda, pero ayuda de la de verdad, fue la que recibí por parte de Álex Segura. Nunca le estaré suficientemente agradecido.

Por si no lo conoces, Álex Segura es un pedazo de crac del *parkour*, no solo en España, sino también a nivel internacional. En YouTube tiene más de dos millones de suscriptores, que siguen sus locuras cada semana. Si eres de los que buscan emociones fuertes y adrenalina, con locuras de todo tipo, te recomiendo que le sigas la pista.

Yo lo conocí durante mis años de saltos y piruetas. A él y a varios influencers de este mundillo. Gente maja, nada más. Pues a Álex Segura solo hizo falta que le comentara un poquito el proyecto para que se apuntara enseguida. Él no iba a estar en el día a día, es lógico, pero me dijo que se ofrecía a hacer todo lo que pudiera para sacarlo adelante. Así que recién acabado el confinamiento se vino a Albacete y dio un taller de *parkour* a chavales de la zona. Y destinó los beneficios al refugio (en ese momento necesitaba el dinero para poner la primera valla). Ole él, porque salió de lujo.

Pero no se quedó ahí su ayuda. Yo ya había dado mis primeros pasos en el mundo de las redes sociales, aunque no era nada del otro mundo. Entre mi chica y yo nos pusimos al día y, si pudimos hacerlo, fue por la montaña de consejos útiles que nos ofreció Álex. De verdad que buena parte de todo lo que he conseguido montar en los últimos tiempos viene gracias al empujón que nos dio este buen tío.

Básicamente, nos dijo que debíamos actuar con naturalidad, grabar mucho (hasta que me acostumbrase a la cámara, que cuesta) y contar las historias claras, sin vergüenza y de forma amena. Transmitir las cosas tal y como las siento. Por ejemplo, alguien me recomendó que fuese un poquito más técnico al hablar de la enfermedad de un pana en concreto (tenía pardovirus). Pues a mí me salió decir: «Mira, el perro está malo y necesita ayuda». Y es verdad que eso de técnico tiene poco, pero resulta que así no solo me expreso mejor, sino que también me comprenden mejor. Y eso llega muchísimo más que si intento ponerme a aparentar.

Pues así lo dejé y así pienso seguir.

Oye, que me costó lo suyo al principio, no te vayas a pensar que no, pero con práctica terminé perdiéndole el miedo. Y no se me da del todo mal. No sé, dime tú, que seguramente hayas visto alguno de los vídeos que subo todos los días.

En fin, retomo el hilo, que he vuelto a liarme. Gracias a la ayuda de ese evento con Álex Segura, conseguimos el dinero para la valla y las primeras casetas de nuestros futuros inquilinos. Tuve ayuda para montarlo todo, claro, y bienvenida fue, pero básicamente me arremangué y me puse yo manos a la obra. Sin tener ni idea al principio. Poco a poco, con el apoyo de gente que sabe y, sobre todo, mucho, muchísimo tutorial de YouTube.

La primera caseta fue para Connor, que tuvo el honor de ser el primer pana oficial. Zooasis acababa de nacer. Pero eso mejor te lo cuento en el siguiente capítulo.

CONNOR,
EL PRIMER PANA

Connor era un cruce de pastor alemán con no sabemos muy bien qué. Era muy grandote y muy bueno. Venía de una familia que lo había tenido atado a un árbol al menos cinco años, por lo que sabemos. En ese tiempo, el pobre no había tenido contacto con nadie. Claro, estaba un poco desquiciado.

Imagínate que, sin tener ni idea de por qué, las personas a las que quieres (las únicas con las que has tenido contacto) te encierran en una habitación donde apenas puedes hacer nada. No solo eso, sino que te dejan completamente incomunicado. Imagínate estar así durante cinco años. ¿Cómo terminarías tú? Pues eso le pasaba a Connor. Lo mismo que le pasaría a cualquier otro ser vivo, ni más ni menos.

Así que es normal que Connor estuviera siempre dispuesto a gruñir y a morder. Tenía una mala leche que ni un chihuahua a punto de entrar en el veterinario. Creo que parte de la culpa de ese mal humor también eran los dos agujeros que tenía en las orejas, que se le habían llenado de larvas de gusanos. Fue ese el motivo por el que lo abandonaron. En fin.

Entre Jorge (el veterinario de la clínica Fátima de Albacete, con la que colaboramos) y yo le limpiamos las orejas. Que conservemos todos los dedos de las manos después de esa experiencia solo se explica con un milagro. A partir de ese momento, Connor mejoró una barbaridad en todos los aspectos.

Cuando me oyen hablar de mis métodos, muchos adiestradores y especialistas en perros me quieren matar. También hay otros que piensan que llevo razón. Pero para mí lo principal es darle cariño al animal. Cariño y paciencia. Mi objetivo es proporcionar un hogar a mis panitas, pero tampoco tengo prisa. Si tengo que estar con ellos en el refugio un año, lo estoy. Y si hace falta más tiempo, también. Salvo alguna excepción muy contada.

La cuestión es que Connor empezó a querernos a mí, a mi chica e incluso a la gente que paraba por casa y, poco a poco, empezó a ser un habitual en nuestro día a día. Porque a Connor lo tuve en casa conmigo antes de que estuviera en el refugio. Claro, ¡todavía no tenía ni la valla montada!

Lo malo fue que, al poco de haber estrenado la primera caseta y cuando ya le buscaba una familia, se puso muy enfermo del estómago. Lo llevé a ver a Jorge (ya no quería arrancarle la cabeza de un mordisco, menos mal), y descubrimos que tenía un linfoma inmenso en la barriga. Tuvimos que tomar la decisión de sedarlo.

Este es un tema peliagudo y que me ha llevado a salirme de otras asociaciones en las que he colaborado. La tendencia suele ser extender mucho la vida del animal una vez que se le encuentra una enfermedad de este tipo. Se apuesta por darles quimioterapia con la esperanza de alargarles la vida un año, quizá dos. Yo no estoy de acuerdo con eso, y te explico por qué.

La quimioterapia es un tratamiento tremendamente útil contra el cáncer, pero también es muy agresivo. Sus efectos secundarios son demoledores en personas, y mucho peores en perros. Y digo peores porque ellos no entienden qué les está pasando. Sufren por su enfermedad y por el mal que les provoca el tratamiento sin saber que están luchando por curarse. Y todo con el objetivo de alargarles un poco la vida.

Muchas veces hay que aislar al pobre animal en una habitación o una caseta todo lo que dura el tratamiento. Así, padeciendo la enfermedad, sufriendo los efectos secundarios de la quimio, solos, sin entender nada... Pasan miedo, terminan hartos y se apartan para morir porque es lo que sienten que va a pasar.

Si a mí me dicen que un perro va a quedar bien después de una operación o un tratamiento, soy el primero en ponerlo todo para que se haga. Pero operar o hacer un tratamiento duro y largo para que, aun así, se vaya a morir o pierda la calidad de vida, no lo veo. Prefiero darles el final más digno e indoloro posible.

Al final todos nos tenemos que morir. Ojalá que sea lo más tarde posible y de la forma menos dolorosa, pero es algo que hay que afrontar. Y sé que suena duro, pero a veces es la mejor solución.

De modo que fue una decisión terrible pero necesaria. Recuerdo el viaje de vuelta del veterinario. Pocas veces en mi vida he derramado más lágrimas.

Después de Connor fueron llegando más panas. Ahora sí, al refugio y no a mi casa. Y en una semana, habíamos pasado de tener un solo perro a diez o quince. ¿Pero en qué momento había pasado eso? No tuve tiempo de deprimirme, tenía que sacar adelante a todos estos nuevos panas.

NUESTRA QUERIDA LUNA

Que no se me preocupe nadie, que en Zooasis también tenemos unos cuantos finales felices. Y muy bonitos, además. Déjame que te hable de Luna.

Luna era, al igual que Connor, una mezcla entre pastor alemán y no se sabe muy bien qué. La trajo al refugio una familia de Albacete. Según ellos era un animal totalmente imposible en el trato. No solo ladraba y gruñía, sino que también mordía a todo lo que se le arrimaba un poco. Un desastre.

Efectivamente, cuando la trajeron yo no podía ni acercarme a ella. Se me tiró encima varias veces e intentó morderme tanto como pudo. Hasta que lo consiguió. La muy capulla. Me agarró la mano, por suerte no con todas sus fuerzas, pero el bocado me lo llevé.

El trato era muy complicado. Yo entraba a la caseta muy despacito para limpiar, sin hacer movimientos bruscos para que no se pusiera nerviosa. Luego le echaba de comer y, casi sin interactuar con ella, salía. Así hasta el día siguiente.

Mi táctica era simple, aunque pesada. Yo iba lo más tranquilo que podía, pero la ignoraba a propósito, porque estaba esperando a que ella diera el primer paso, a que viera que aquel era un lugar seguro donde no tenía por qué sentirse amenazada. Podría pasar al cabo de unos días, de unas semanas o incluso de unos meses. Por suerte o por desgracia, no tardó en llegar su reacción.

Y fue la siguiente: a los cuatro o cinco días de haber llegado, aprovechó para saltar la valla y escapar. Claro, era una perra joven y en plena forma, dos metros no eran nada para ella.

La situación era complicada, porque una perra suelta que muerde y no deja que nadie se le acerque puede dar muchos problemas, así que salí corriendo tras ella antes de que llegase al pueblo. Con mucha paciencia y mano izquierda (y mi reserva de chucherías, claro), la fui engañando para que, poco a poco, volviese a entrar, no ya en su caseta, pero sí al menos dentro del recinto del refugio.

A todo esto, África, mi chica (ya te hablaré de ella más adelante) la estaba engatusando todo el rato desde el otro lado de la valla —también con chucherías— para que me dejase acercarme y, entonces sí, poder ponerle la correa. Contado así parece poco, pero te digo que con menos te montan un thriller en Hollywood.

De ser una perra agresiva, evasiva, con mucha mala leche, que no se adapta a vivir con otros perros o con humanos y que se escapa a las primeras de cambio, ha pasado a ser la perra más cariñosa del refugio. Hoy en día, desde el momento en que se abre la puerta de su caseta, ya la tengo encima y no se me despega. Y es gracioso porque, según los anteriores dueños (los que la dieron por imposible), muchos adiestradores decían que era un caso perdido, que iba a ser siempre agresiva y que lo mejor era tenerla a perpetuidad atada a un poste o dentro de una caseta. ¡Ja!

No solo me cogió cariño a mí, sino que empezó a tolerar la presencia de África y de mis dos colaboradores habituales, Vajtan y Asier (sí, también habrá un capítulo para cada uno de ellos). De hecho, reconozco que fui un poco malo con ellos y los usé de conejillos de Indias. Les decía: «Esperad aquí a que pase Luna». Lo que no les decía era cómo seguía la frase: «... para ver si os muerde o no». Bueno, ya estaba seguro de que no iba a pasar nada y ellos están preparados para cualquier cosa, que de tanto trabajar en Zooasis ya tienen el callo hecho. En fin, pecadillos de organizador de refugios para animales. No lo pruebes en casa.

Cuando me di cuenta de que ya no ladraba a otros perros cuando los veía, que dejaba de ser posesiva con la comida y que no amenazaba con morder a nadie, empezamos a abrirle más su puertecita para que fuera socializando con los otros perros. Tengo que hablar de lo importante que es para los perros socializar, ya sean los de refugio como los de casa. Todos necesitan su buen ratito diario de olisquear culos y pipís.

Así que le pusimos el bozal y empezamos el proceso de socialización. Primero con otros perros más tranquilos que nunca daban problemas. Cuando vimos que no solo no trataba de asesinar a nadie, sino que estaba contenta, comenzamos a dejarla ir sin bozal. Esa era la prueba de fuego. Y la superó. Tanto que vive en la caseta con otros perros sin ningún problema. Y se ha convertido en mi sombra.

Todo esto lo cuento aquí en unos cuantos parrafitos, pero se trata de un proceso largo, de mucha paciencia, en el que mis compis y yo tenemos que estar con mil ojos para que no pase nada. Tuvimos unos cinco meses de trabajo diario (sin podernos saltar ningún día, claro). Y siempre con mucho cariño, que, como ya te digo, es el secreto. Con los panas y con la vida en general.

La enseñanza de esta historia es que no hay perro imposible. Puedes tener a un sujeto muy reactivo y agresivo (casi siempre por tener unos dueños que son un desastre), pero si le das su sitio, tienes paciencia y le muestras cariño, conseguirás recuperarlo. Luna es el ejemplo viviente y ladrante.

Ver casos como este me da fuerzas para seguir adelante

con el refugio. Me hacen creer que lo que estoy haciendo tiene sentido y que de verdad sirve para algo. Ya lo creo que sí.

EL VIAJE DE LOS PANAS
A TRAVÉS DEL TIEMPO

No se sabe cuánto tiempo llevan los perros con nosotros. Hay investigaciones que hablan de doce mil, dieciséis mil y hasta más de treinta mil años. ¡Más de treinta mil! Y aunque ese último dato no fuera cierto y sean solo doce mil años (¡solo!), es muchísimo tiempo. No es casualidad que antes del caballo, la vaca, el gallo o la oveja, ya estuviera el perro. El primer animal doméstico.

Sabemos que los perros proceden de los lobos. Lo que no se sabe es si algún antepasado nuestro vio su potencial y fue a por ellos (lo dudo, porque los lobos son unos bichos de cuidado), o si fueron ellos los que se nos acercaron en busca de comida cuando la cosa se ponía complicada. Lo cierto es que cuando todavía vivíamos en cuevas, los perretes ya estaban olisqueando a nuestro alrededor.

Tiene toda la lógica del mundo. Los perros tienen muchísimas utilidades: nos sirven para pastorear, guardar propiedades (son unas alarmas que ríete tú de las del banco), defendernos, guiarnos si no podemos ver, atrapar a los malos o encontrar cosas, desde sustancias ilegales a personas atrapadas en terremotos y otras catástrofes.

Incluso son de lo más útil para otras actividades con las que yo no estoy de acuerdo, como la guerra o la caza. Han sido los mejores drones y robots desde muchísimo antes de que estos existieran, por lo que, para la gente de las cavernas, estos peludos se convirtieron en una mejora de alta tecnología que les facilitaba la vida.

Pero, sobre todo, y más hoy en día, la mayor utilidad que nos dan es la compañía. Se ha dicho siempre del perro que es el mejor amigo del hombre y yo creo que es cien por cien cierto. Esto se debe a que, siempre que tengas uno cerca, querrá congeniar contigo. Querrá que lo acaricies, que juegues con él, que le hables. Querrá que seáis amigos.

Cualquiera que haya convivido un poco con un perro sabrá que siempre se forma un vínculo con ellos. Y que este es muy fuerte. Porque a poco que los conozcas un pelín, lo de ser amigos hasta se queda corto. Esto va más allá. Un perro se convierte en parte de tu familia. Palabras mayores, lo sé.

Y es que el nombre científico de la especie es *Canis lupus familiaris* y me parece un acierto absoluto: el can familiar.

Los perros se entregan en cuerpo y alma, sus humanos son todo lo que tienen en el mundo. Serían capaces de hacer cualquier cosa por ellos. Y su vida sin ellos deja de tener sentido. A los perros no les pasa como a los gatos, que, si se crían en libertad, se vuelven ferales, rehúyen a los humanos y hacen vida por su cuenta. Los perros lo pasan mal cuando no están con nosotros. Ellos no forman familias de perros ni son felices estando solos. Sufren sin sus panas de dos piernas.

Imagina tantos miles de años compartiendo sus vidas con nosotros. Sin quererlo, los hemos integrado en nuestro día a día, y ahora el vínculo es tan poderoso que ellos ya no saben vivir sin tenernos cerca. Y es mucho más fuerte cuando a uno de estos animales lo adopta una familia. Por eso es tan horrible que los abandonen. Es un crimen y creo que no hay ley lo suficientemente dura como para castigar esto.

Ese es el motivo de que los refugios sean tan necesarios, porque estos perros abandonados que vagan por las calles y los campos necesitan una oportunidad. La merecen. En un mundo ideal no harían falta refugios, pero, hoy en día,

con el nivel de abandono que hay y con las malas prácticas de muchas personas (ya sea por ignorancia, dejadez o simple maldad), tenemos que seguir trabajando. Primero para acogerlos y cuidarlos y, segundo, para buscarles el hogar que ellos se merecen.

Por nuestros amigos, compañeros, familiares perrunos. Por nuestros panas. Seguiremos el tiempo que haga falta.

EL CABALLERO DE LA NOCHE

Está claro que un refugio para animales no es un hobby al que echarle unas horitas de tanto en cuanto y ya con eso sale adelante. Para que un refugio activo, del que no paran de entrar y salir perros, funcione, hace falta una dedicación plena. Casi 24/7. Y con una sola persona no basta.

Ya he ido mencionando a algunas de las personas que más me han apoyado, pero ha sido demasiado por encima, y eso no puede ser. Así que voy a ir dedicándole su propio espacio a cada uno de los que arriman el hombro por aquí cada día, porque se lo merecen. Empiezo por este pedazo de cacho de ser humano: Vajtan.

Aparte de alguna lesioncilla que otra, el *parkour* solo ha traído cosas buenas a mi vida. Además de la experiencia, el hacer deporte y el disfrutar de un modo distinto de los espacios urbanos, están las personas que te encuentras por el camino. Eso es lo mejor.

Pues en el mundo del *parkour* tenemos una regla no escrita, una especie de pacto fraternal y universal que dice que, si uno de nosotros viene de visita a nuestra ciudad, tenemos que darle alojamiento. Aunque sea un sofá o una esterilla en el suelo. Así fue como entró Vajtan en mi vida.

Con ese nombre tan complicado para un manchego como yo, este ucraniano es, además, diseñador gráfico y de páginas web. Y esa es su labor principal en Zooasis: crear y llevar la web (gracias, gracias, gracias). Que no es poca cosa: si logramos adopciones, tenemos padrinos y funcionamos como organización, es gracias a esto. Su papel es fundamental.

Aunque si hace falta, Vajtan deja a un lado el ordenador, se arremanga y también se ocupa de lo que sea en el refugio. Tengo la inmensa suerte de que aquí no se le caen los anillos a nadie. Me ayuda sobre todo con la limpieza de las casetas, aunque quiso poner su granito de arena levantando la valla. No, eso no pudo ser (menudo desastre), pero también lo intentó.

Y eso que a él, en principio, no le gustaban nada los perros. Pero como es un tío tan majo y tiene esa lealtad y confianza conmigo, no solo me apoyó, sino que arrimó el hombro sin dudarlo.

Cuando tuve que presentar los papeles para hacer oficial el refugio, uno de los requisitos era que tenían que participar, como mínimo, tres personas. Y no valía con poner el nombre y poco más. Hacía falta nombre, apellidos, DNI (pasaporte en su caso), número de cuenta y un montón de cosas más. No todo el mundo está de acuerdo con dar toda esa información. Y él, sin dedicar ni tres segundos a considerarlo, me dijo (muy serio, como es él): «Vale». Así tal cual. Menudo fenómeno.

Somos dos tipos totalmente distintos. Yo me río mucho, hablo mucho, no paro quieto de acá para allá con esto y lo otro. Y él es más serio. Quienes no lo conocen, dirían incluso que es frío. Tiene una planta que impone, la del típico tío que compite en *kickboxing*. Pero congenié con él. Y mucho.

Hoy en día es uno de mis mejores amigos, por no decir el mejor. Ahora que caigo, si algún día tuviese algo de tiempo para pensar en ello, a lo mejor haría una clasificación para ver quién es mi mejor amigo. Aunque con el jaleo que tengo siempre en el refugio, me da a mí que ese momento no va a llegar pronto.

Y eso que me enfado mucho, MUCHO, con él. Somos dos personas, como ya digo, muy distintas y eso hace que

tengamos caracteres y formas de ver las cosas diferentes. A veces hasta opuestas. Él también se enfada conmigo, claro, que a mí también hay que aguantarme cuando me pongo estupendo. Pero nunca pasa nada porque, sobre todo, nos respetamos y nos queremos. Y frente a eso, no hay enfado que valga.

Así que lo puedo decir a boca llena: sin Vajtan no habría ni refugio, ni Zooasis, ni nada.

Por cierto, hay una anécdota maravillosa con el nombre de Vajtan y su encaje en la idiosincrasia manchega. Como ya dije antes, él ha estado en el proyecto desde el principio y aparece en los papeles del registro y en otra documentación para el ayuntamiento. Pues bien, el funcionario no se creyó que lo que había escrito Vajtan fuera el nombre propio de una persona. Así que me imagino al hombre, después de darle muchas vueltas y no entender ni jota, decantándose por ponerle «Batman». De manera que a veces firma así o como «el caballero de la noche».

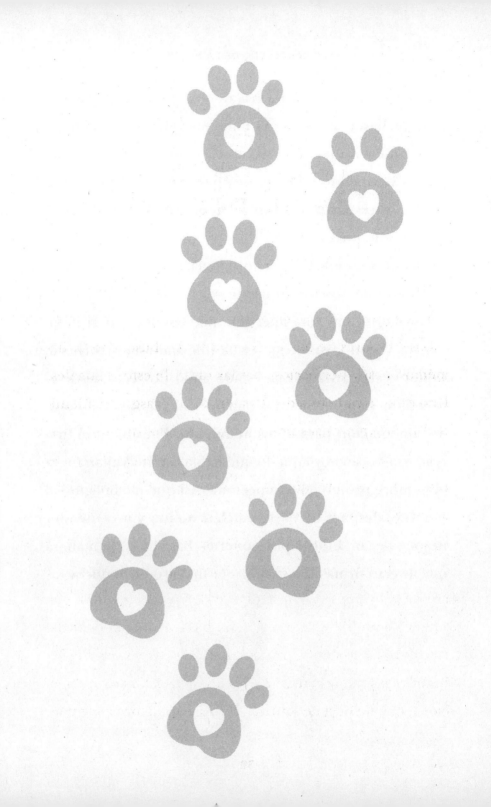

UN PERRO
ES UN PERRO

Tengo que hablar de las razas de perro. Y mucho me temo que no va a ser bien.

Los criadores de perros llevan décadas buscando la, llamémosla así, «perfección» en las razas de estos animales. Esto es, que cada una de ellas tengan sus rasgos de identidad lo más marcados posible. Por ejemplo, que los *teckels* (perros salchicha) sean lo más alargados y con las patas más cortas posible, que los carlinos tengan el morro más achatado, que los *basset hounds* tengan la cara más derretida que se pueda, etc.

Para ello, han recurrido sin ningún tipo de escrúpulos a cruzar individuos (siempre dentro de una misma raza, por supuestísimo) de una forma antinatural. Así llegamos a aberraciones de cruces de padres con hijas, madres con hijos o hermanos con hermanas. Y todo por conseguir esa «perfección», que no deja de ser rizar el rizo de una forma terrible.

Lo peor de esto es que, sobre todo, se debe a temas estéticos. Supuestamente, los perros son más bonitos si siguen ciertos patrones de belleza, que son los establecidos por su raza. Yo no lo entiendo. Es más, para mí hay algunas razas (muy bien consideradas por los entendidos) que son, simplemente, horrorosas.

Ay, madre.

Pues bien, estas prácticas llevan a que esas pobres criaturas tengan problemas de todo tipo. El primero de ellos, y también el más evidente, es que son tontísimos. Claro, imaginad qué pasaría en una familia de personas donde los padres son hermanos o, como mucho, primos. Y eso a lo largo de generaciones y generaciones sin parar. Pues si pasa con las personas, con los perros también.

De hecho, el no cruzar miembros de una misma familia es una recomendación generalizada en el mundo animal, no solo en las personas. Cuanto más alejados genéticamente estén los padres, mejor será la mezcla genética y, por lo tanto, más sano será el individuo resultante. Y al contrario: cuanto más cerca en el árbol genealógico estén, más probabilidades hay de que salgan a la luz los genes recesivos, que son los responsables de un sinfín de enfermedades raras, degenerativas, congénitas, etc.

Esto (la consanguinidad) también explica el segundo problema, menos visible: los perros de raza llevan asociadas una serie de complicaciones que terminarán haciendo sufrir al animal o provocándole una muerte prematura. Por ejemplo, los problemas de respiración de los *bulldogs*, los de espalda de los *teckels* o los de oído en la mayor parte de las razas que tienen las orejas caídas. Sí, esas orejitas tan adorables también afectan a su salud.

Y no se queda ahí la cosa, ya que también existe otro problema todavía mucho más oculto y del que nadie habla: las enfermedades. Porque nadie te habla del altísimo porcentaje de tumores malignos que se dan en ciertas razas, o de leucemia, o de ataques al corazón o de demencia. Esto es algo muy generalizado y que, casualmente, nadie —ni criadores, ni vendedores, ni muchos dueños— dice nunca.

Por no hablar de la esperanza de vida, que siempre es más reducida en los ejemplares de raza. Y esto, de nuevo, procede de estas prácticas tan poco éticas por parte de los criadores, especialmente los ilegales.

Por el contrario, tenemos los perros sin raza, los chuchos o, como los llamamos en Albacete, «ratoneros». Estos, que a lo mejor no son tan bonitos (eso según los puristas, porque a mí sí que me gustan), son mucho más vivos, más inteligentes, tienen mejor salud y viven mucho más.

Sin embargo, lo que se impone aquí son los intereses económicos. Los criadores ven las altas cantidades que pueden sacar por cachorros de raza y no tienen miramientos, les da igual la vida que pueda esperar a esos animales. Ellos solo ven el dinero. Y es muy triste.

El problema también está en las muchas personas que buscan y compran este tipo de perros. Está claro que no es que sean malas de por sí, ya que la mayoría de ellas no conocen esta realidad. Pero también se ve que las implicaciones éticas son algo que no parece preocuparles demasiado. En muchas ocasiones, lo que se busca es tener un animal que dé estatus o del cual presumir en el parque, sin haber profundizado en lo que de verdad es más importante: que tienes un ser vivo que depende de ti al cien por cien hasta el día en que se muera.

Ojo, yo no soy un radical con este tema. No estoy en contra de las razas de perro, pero sí que me gustaría que hubiera más transparencia a la hora de criar a estos animales y más concienciación con el tema. Al fin y al cabo, lo único que han hecho ha sido nacer como son. No tienen culpa de nada.

En Zooasis, todos los perros tienen el mismo valor. El mismo. Por eso, en nuestra web nunca hablamos de razas. Para referirnos a nuestros panas hablamos de género, edad y tamaño. Nos da igual si es un chucho o un señor *border collie* con pedigrí (sobre esto hay una anécdota buenísima que cuento más adelante). Para nosotros todos son iguales.

Por eso me enfada un poco cuando nos llegan peticiones del estilo «me gustan todos, PERO estoy enamorado de los pastores australianos, así que cuando os entre alguno me avisáis».

Sí, amigo, puedes esperar sentado.

A mí eso de las razas no solo me parece una tontería increíble, sino que, además, es el origen de la gran mayoría de abandonos. Por ejemplo, se han puesto de moda últimamente los *border collies*. Pues resulta que luego, en el día a día, son perros muy cansinos. Están hechos para pastorear en fincas enormes y ocuparse de las ovejas, así que tienen mucha energía y necesitan mucho, muchísimo espacio para correr. Además, se trata de perros muy inteligentes que necesitan que los estimulen continuamente.

Claro, quien se hace con uno de estos perros porque se han puesto de moda y no conoce estos requisitos descubre que tiene en casa un animal que se está volviendo medio loco. Que ladra, corre de arriba abajo, se carga los muebles, etc. Y por ello, hay quien encuentra en eso un buen motivo para abandonarlo. Todo mal.

Además, un perro es un perro. Lo voy a poner más grande, a ver si se entiende mejor: UN PERRO ES UN PERRO. No es un bicho peludo con cuatro patas sin nada por dentro. Es una criatura que va a compartir su vida contigo, que te va a amar y al que tú también vas a querer. Por eso mismo, lo que hay que hacer antes de meter a un panardo en casa es ver si tenemos espacio para él, si disponemos de tiempo para dedicarle y si va a vivir en unas condiciones aceptables. Eso es mucho más importante que el color del pelo o la forma de las orejas.

Por ejemplo, si tienes poco espacio en casa, lo mejor es un perro con menos energía que se pase el día tumbado como un cojín. O si no tienes tiempo para dedicarle, entonces lo mejor es que no sea muy activo. Este tipo de cosas son las que importan. Y ningún sitio mejor que el refugio para decirte cómo es el perro, preocuparse por tus circunstancias y, una vez estudiado todo junto, saber qué tipo de hogar le conviene más.

Al final, el animal va a ser feliz allá donde esté su familia (su familia vas a ser tú). Pero mejor si encaja perfectamente en tus posibilidades y en tu estilo de vida.

NUESTRO PANA
DEL *GOD OF WAR*

Un diciembre llegó al refugio Kratos. Sí, como el del videojuego *God of War*. No era ni bueno ni malo, ni agresivo ni pasivo. Simplemente pasaba de ti. Además de este detalle, lo que de verdad llamaba la atención de él es que hacía *parkour*. Y hazme caso, que yo para estas cosas tengo ojo clínico.

Con un poquitín de impulso ya saltaba la valla que delimita el espacio de su caseta. Y eso que alcanza los dos metros de altura. Pues como si nada. Pum, ya estaba Kratos fuera. La primera vez fue una locura porque, entre lo flipado que me quedé, y que no sabía qué iba a hacer con semejante atleta, cortocircuité. Las doscientas treinta y siete veces siguientes ya estaba yo más preparado.

Al final, terminé dejándolo suelto dentro del refugio. Total, se iba a saltar las vallas de todas formas y, además, por algún motivo nunca salía al exterior: lo que quería

era visitar a los otros panas. Claro, esto hizo que yo tuviera todo el día a Kratos encima. Me acompañaba a cualquier cosa que yo tuviera que hacer.

Que tenía que limpiar una caseta, Kratos conmigo; me iba a descansar un rato, Kratos a mi lado; me subía a podar un árbol, Kratos de acompañante. Incluso si salía del refugio, él se venía conmigo y no se me despegaba absolutamente para nada.

Una vez, en una de las muchas e interminables obras del refugio (y porque yo soy un poquito bestia) se me salió un hombro. Llamé a África para que viniera a recogerme y me llevara al hospital, porque seguro que iba a ser más rápido que la ambulancia. Pues mientras esperaba, me quedé tumbado en el suelo y Kratos no se movió de mi lado. De primeros auxilios no sabía, pero me ayudó a pasar mejor aquel trance.

Por eso, no exagero si digo que llegamos a ser totalmente inseparables: ya no se sabía dónde terminaba Juanma y dónde empezaba Kratos. No es de extrañar que yo no quisiera darlo en adopción. Pero, y aquí viene uno de los dilemas típicos de personas que trabajan con animales de acogida, tampoco quería que él viviera toda su vida en el refugio.

A ver, me explico mejor, él era feliz estando conmigo, con África, Asier y Vajtan, y haciendo vida en el refugio con los otros panas. Pero sé por experiencia que lo que un perro necesita de verdad para estar completo y cien por cien satisfecho es un hogar y una familia. Y eso era lo que quería para Kratos, aunque lo amase con locura. Se lo merecía.

Por otro lado, la vida en el refugio no es la ideal. Todos sabemos cómo son las condiciones en la España de interior. Cuando llega el verano puede hacer mucho calor, y no importa que yo ponga sombrajos para protegernos del sol, ni tampoco las cantidades industriales de agua. Los días (muchos) a cuarenta grados no nos los quita nadie. Y frío también puede hacer muchísimo. Es verdad que los perros llevan peor el calor que el frío, pero sigue sin ser agradable pasar en mitad del campo esas noches con heladas.

De modo que yo quería mucho a Kratos, pero aun así decidimos ponerlo en adopción. Y la verdad es que funcionó muy bien. Él lo tuvo fácil porque estaba tan unido a mí que salía mucho en los vídeos. Era un perro muy querido por toda la gente que me sigue en redes, así que al poco de estar en adopción, llegaron mogollón de ofertas.

Quiso la casualidad que su nuevo hogar estuviera en

Albacete. Digo casualidad porque en Zooasis atendemos solicitudes de toda España y siempre por orden estricto de llegada, así que las posibilidades de que lo adoptaran en Albacete eran mínimas. Pero así fue y, gracias a que su nueva familia no vive muy lejos, a veces me lo cruzo. Y me encanta verlo.

Es gracioso, porque si vuelve a ver a Vajtan le gruñe muchísimo. No es raro, ya que cuando estaba en el refugio es verdad que solía gruñir si lo tocaba cualquiera que no fuera yo. Y es más gracioso todavía cuando me ve, porque se pone muy contento. Todo esto tiene menos gracia cuando le preguntas a Vajtan, claro.

Por supuesto, tengo que contaros cómo fue el momento de su adopción. Me lo llevé a casa de mis padres en Albacete, donde habíamos quedado con su nueva familia. Cuando lo entregamos, Kratos se quedó muy contento, pero al ver que yo no iba, miraba para atrás y me ladraba.

«¿Por qué leches no te vienes tú?», parecía preguntarme.

Es una frustración momentánea para el perrete, porque él cree que lo estás abandonando. Luego, al cabo de unos días, se queda más a gusto que un arbusto con su nueva familia, pero esa sensación de abandono la sigue teniendo. Y yo, cuando ocurre, también la siento. Y un pellizquito siempre se te agarra al pecho cuando sucede. Es inevitable.

Sin embargo, al final lo que queda es la satisfacción de haber sacado adelante a otro pana que, de otra forma, habría tenido un destino muy diferente y mucho menos feliz.

LA LEY
Y LA TRAMPA

Tengo que hablar de la ley de bienestar animal de 2023. Es que si no lo hago reviento. Y no voy a ser amable. Bueno, miento, voy a ser todo lo amable que me permite mi conciencia y mi educación. Pero, vamos, que esto no va a ser muy comedido. Me explico.

Empiezo diciendo que esta no es una proclama política. Lo único que me importa son los efectos que pueda tener (que, como veremos, en la práctica van a ser pocos), porque era una ley muy necesaria y esperada. Y después de que haya salido, por desgracia, sigue siéndolo.

El primer problema es que parece creada por personas que lo más cerca que han estado del campo ha sido en la estación de servicio de una autovía. Porque esta ley no es solo necesaria para mascotas de quienes viven en ciudades, sino también para animales de otros usos (como los que ayudan a personas en su trabajo), y que están la mayoría en el mundo rural.

Yo soy el primero que le tiene mucho asco a todo lo que relacionado con la tauromaquia y la caza con perros, pero es verdad que tenían que haber contado con personas de esos sectores ANTES de hacer la ley. Y me refiero a todos los ámbitos; también refugios, adiestradores o veterinarios. Quizá no hablar con todos juntos en una misma mesa, porque seguramente terminaríamos mal, pero sí consultar y ver cuáles son los problemas reales a los que se enfrenta cada sector en el día a día y cómo se pueden afrontar de la mejor forma posible. Solo así se puede llegar a solucionar todo. O una gran parte.

Ya te digo que, de haberme preguntado a mí o a cualquiera que trabaje en un refugio, no hubiera sido posible excluir de esta ley, como se ha hecho, a los perros de caza. Y todo por no cabrear a los cazadores (digo yo que será por eso), porque, vamos, en los refugios son estos perros los que más se ven. Galgos, podencos, bretones… La lista es interminable. Y eso se debe a que son ellos los que más sufren con la caza. Son quienes deberían estar más protegidos. Porque cuando no los matan, los abandonan.

Partiendo de esa base, te imaginarás que, si fuera por mí, prohibiría al cien por cien cazar con perros. Entiendo que es mi punto de vista y que hay muchos matices, pero es así como lo veo. A lo mejor no será posible y no se podrá prohibir de buenas a primeras, de acuerdo, pero sí poner unos límites. Es que hoy en día casi parece que los cazadores hacen lo que les da la gana.

¿Estoy siendo exagerado? Pues yo creo que me estoy quedando corto, porque actualmente hay cazadores que no solo abandonan a los perros que ya no les sirven, sino que en algunos casos los matan a sangre fría y luego tienen el cuajo de ir a cobrar el seguro, dado que se les ha muerto el animal. Son un problema. Y grave, además.

Pues bien, estos se han quedado sospechosamente fuera de esta ley. A quienes sí afecta son a los demás dueños de perros. Y se les han complicado las cosas enormemente. Para empezar, se les exige un curso (que hoy por hoy no se sabe muy bien cómo va a ser ni cuánto va a costar, y los ayuntamientos son muy dados a colar tasas, que ya me los veo venir).

Luego está el seguro obligatorio. Esto es algo que yo veo muy bien, pero se trata de un seguro poco útil. Solo cubre si el perro le hace algo a alguien. Nada de todo lo demás que pueda ocurrir con un perro.

Seguimos: han quitado los PPP, denominación que me sienta como una patada en la tibia y que significa Perro

Potencialmente Peligroso. Ya sabes, los *pitbulls*, *rottweilers*, dogos argentinos, dóbermans y demás panas grandotes. Pues los han quitado. Sin embargo, han creado una nueva modalidad con nombre distinto y donde se incluye a los mismos perros. Ya no son PPP, son otra cosa, pero se les sigue catalogando de la misma forma. Mismo perro, distinto collar. Nunca vino tan bien un dicho.

También ha entorpecido en gran medida la labor de los veterinarios. Ahora hay muchos medicamentos necesarios para los perros que está prohibido tener en la clínica. No los pueden suministrar al momento, sino que tienen que pedirlos, con el riesgo que esto conlleva en casos de verdadera urgencia.

Más cosas malas: ahora está prohibido dejar a un perro veinticuatro horas solo, lo que veo muy bien. El problema está en que es virtualmente imposible comprobarlo. Si grabas a un animal veinticuatro horas en una parcela te pueden denunciar por filmar una propiedad privada. Si el dueño llama al SEPRONA, es muy fácil mentirles diciendo que no han sido veinticuatro horas (además que no es recomendable meter a los del SEPRONA en estos fregados, que sus números son limitados y bastante tienen con todas las obligaciones que ya manejan). Así que es una regla inútil.

Lo bueno que tiene esta ley (menos mal) es que controla más los criaderos. Ahora, dar de alta el chip de un perro ya no lo puede hacer cualquiera. Tendrá que ser un refugio, un criadero legal o un lugar especializado. Ahora, si alguien llega a un veterinario a ponerle el chip a un perro que dice que se ha encontrado, tendrá que llevarlo a un lugar apropiado (donde le harán preguntas). Esto va a fastidiar a base de bien a los criaderos ilegales y demás gentuza que trapichea con perros (especialmente con aquellos destinados a peleas).

En general, es un desastre de ley. Dicen que bajará el número de abandonos, cosa que —al menos por la realidad que vivo todos los días— no veo que esté pasando. Y es algo que compruebo a diario. Todo sigue exactamente igual. Siguen llegando perros (sobre todo de caza) sin chip, por lo que es imposible denunciar a nadie.

Este es mi punto de vista. Si le preguntamos a cualquier otro profesional que trabaje con animales tendrá sus propias quejas. Y es una lástima que se haya aprobado una ley tan poco eficiente, porque de verdad que era necesaria. Esta ha sido una ocasión perdida. Esperemos que en el futuro a alguien por fin se le encienda la bombilla y haga una ley que esté a la altura de las circunstancias.

LA PANA
DE TODOS LOS PANAS

Sin ella, montar el refugio habría sido mucho más complicado. No porque haya cargado con lo más pesado del trabajo, ni siquiera por haber estado en todos los acontecimientos importantes. Sino porque, montes lo que montes, aunque lo vayas a hacer tú solo con tus manos, lo que necesitas sobre todo es apoyo, comprensión y cariño. Que cuando regreses a casa y quieras hablar de lo que has hecho, haya alguien que te escuche y te comprenda. Ya no solo eso, sino que además te dé ideas y encuentre soluciones para los diferentes problemas que van surgiendo en el día a día.

Y esa persona es África, mi chica. Seis años ya, que se dice pronto.

África no viene tanto al refugio como Vajtan o Asier (yo no me cuento porque echo más horas allí que los mismos perros), pero también es perrera. Tenía a un ratonero llamado Shin Chan, al que quería con locura, que se murió con dieciocho añazos.

Es gracioso porque todo eso que yo contaba antes sobre las razas de perro y los mestizos se cumplía a la perfección con Shin Chan. Era un chucho más vivo que el rabo de una lagartija. Nunca le dieron comida de perro; le echaban lo mismo que comía la familia. Y no se puso enfermo ni una sola vez en sus dieciocho años. Desde luego, tenía mejor salud y calidad de vida que muchos panas con pedigrí que yo me sé.

Además, tuvo la muerte más dulce y tranquila del mundo. Una noche se acostó y ya no se volvió a levantar. Sin hacer ni un ruido, sin mostrar dolor, nada. Un afortunado, el bueno de Shin Chan.

Una vez que se fue (muy cerca también de la muerte de Guantes, mi otro peludo), África me aseguró que no íbamos a tener más. Normal, cuando se van, dejan un agujero muy profundo y eso desgasta hasta al más duro. Pero, claro, llegando montones de perros cada semana al refugio, yo sabía que tarde o temprano aparecería alguno que nos hiciera tilín. Y efectivamente, así adoptamos a Cheto, que es uno de los que viven conmigo. Con nosotros, mejor dicho, porque mi chica y yo vivimos juntos.

Cheto tiene unas cejas superexpresivas, pero, por mucho que África lo niegue, es más bien feo. Bueno, es bonito y feo a la vez. Es un poco «salchichudo», si se me permite la expresión. Se trata de otro perro ratonero tantas veces cruzado que es imposible adivinar quiénes fueron sus padres. Sacarle parecido con alguna raza es misión imposible. Premio al que lo consiga.

África no llega a mis niveles de devoción por los perretes, pero, como digo, es también perrera y ha arrimado el hombro como la que más. De hecho, viene de familia de albañiles y hay cosillas que se le dan bien. Menos mal, porque he necesitado (y sigo necesitando) toda la ayuda del mundo para levantar el refugio.

Ella también se encarga de muchas cuestiones administrativas de Zooasis, porque es más organizada que yo (aunque eso no es muy difícil, tengo que reconocerlo). Ayuda con los procesos de adopción, lleva al día el e-mail (poca broma con esto, que recibimos una barbaridad de correos) y se encarga de los cuestionarios de los perros. Y todo tiene mayor valor porque son cosas que a los demás no se nos dan especialmente bien.

Sé que tengo muchísima suerte. Si no recibiera tanto apoyo, comprensión y ayuda, no sé si sería capaz de sacar todo esto adelante, que son muchas horas y mucho esfuerzo.

Por tanto, lo voy a decir directamente: que Zooasis exista se debe en gran medida a ella. E, indirectamente, también es la responsable de que estéis leyendo este libro. Mil gracias, cari.

UNA FAMILIA PROBLEMÁTICA

Como ya he contado más de una vez en lo que llevamos de libro (y posiblemente vuelva a hacerlo), al refugio nos llegan perros sin parar. Como gente a la Gran Vía de Madrid en rebajas. A veces son cachorros, otras, adultos o abueletes; llegan de uno en uno, por parejas o en camadas enteras.

Hubo una camada de cachorros que me dejó la cabeza trastornada. Se trataba de seis minipanas *border collie* que nos llegaron del norte. Eran de una perra que había parido y sus humanos no se los podían quedar. Y como las redes hacen que el mundo sea más pequeñito, nos conocieron, les gustamos y para Albacete que se vinieron.

Hasta ahí todo más o menos normal. La locura llegó después. Los cachorretes eran bonitos, preciosos, espectaculares, un amor. Y, entonces, la avalancha. Mucha gente, al ver que teníamos a esos seis panardos en adopción, se lanzó a nuestra web. Y la colapsaron. Tuvimos que contratar más potencia para la web, porque de verdad que la tiraron abajo. No exagero, estaban entrando a razón de treinta y tres personas por segundo. ¡Por segundo! Madre, ni en Netflix.

El motivo es que los *border collies* son unos perros que están de moda. Son muy guapos y listos, y además son lo más de lo más ahora mismo. Claro, lo normal es que se vendan como churros, así que imagina el impacto que causó cuando un refugio los ofrecía de cachorritos y «gratis».

Pongo «gratis» entre comillas porque para sacar a cualquier perro del refugio hay que pagar ciertos gastos médicos y de ayuda para que podamos mantener nuestra actividad, que recordamos que es sin ánimo de lucro. Así también vemos lo en serio que van aquellos que adoptan (que hay de todo).

Pues bien, en menos de un día ya teníamos unos mil cuestionarios rellenados en la web ofreciéndoles hogar a estos pequeñajos. Y nosotros estamos acostumbrados a unos diez o doce por día. A la pobre África iba a darle un parraque.

Pero es que el asunto no se queda ahí. Ojalá fueran esos todos nuestros problemas. No tardaron en llamarnos criadores de este tipo de perros para amenazarnos. Nos decían que les estábamos echando abajo el negocio porque «teníamos a los *border collies* a cien euros», palabras textuales de más de un iluminado con el que tuve que tratar esos días.

Yo les decía a todos lo mismo: «esto no es un negocio». El dinero que pedimos no es un precio, sino que va destinado a cubrir los costes asociados a la adopción. Además, esto de los *border collies* era algo puntual porque los perros con los que solemos trabajar son casi siempre muy distintos y con unas condiciones diferentes. Por último, y no menos importante, esto es un refugio sin ánimo de lucro.

Madre mía, me gané el cielo en menos de una semana.

Y no lo he contado todo. Hubo más de uno (y de dos y de diez) que nos ofreció quinientos euros por cada cachorrito. Y yo tuve que ponerme serio y negarme, que las adopciones en Zooasis se estudian y conceden (si está todo bien) por orden de llegada. Eso es fundamental y nunca, por nada de este mundo, debemos saltárnoslo. Así que eché a todos esos listos de cartera abultada para atrás.

Hasta que llegó el gordo de la lotería. Fue otro criador que me llamó para ofrecer por los seis cachorros, agárrate donde puedas, diez mil euros. Un uno y cuatro ceros. En mano, uno detrás de otro. Patapún. Claro, la camada sobre todo tenía hembras y eso es muy valioso para alguien que se dedica a la crianza con el objetivo de vender. A cada una de ellas se le pueden sacar miles y miles de euros a lo largo de su vida. A cambio, claro, de convertir su vida en un infierno.

Pero seguían siendo diez mil euros. Crujientes. Más que necesarios para un refugio como Zooasis, que tiene gastos por todas partes y de todos los colores (piensos, veterinarios, facturas, mantenimiento, proyecto de crecimiento…) y en cuya cuenta, además, apenas había para nada. Bueno, nunca hay, pero en ese momento todavía menos. Me costó, pero mi respuesta no podía ser otra: aquí no vendemos perros, lo siento mucho.

Así que me ceñí al proceso de adopción que tenemos establecido (y del que hablaré con calma más adelante) y fui dándole salida a los cachorretes uno a uno por orden de llegada. Y solo a adoptantes que reúnen unos requisitos mínimos, por supuesto.

Y este proceso, a veces, es más duro de lo que parece. Para que te hagas una idea, el último de la camada salió meses después que el primero. Y todo porque nosotros no entregamos a nuestros panas a cualquiera. Es su vida lo que está en juego. Y eso no es cualquier cosa.

Por cierto, de esa famosa y desastrosa camada de *border collies* me quedé con Arabia, y no sé qué hacer con ella. De momento la tengo aquí en casa con Cheto y… no sé, igual ya no sale de aquí. Seguiremos informando.

EL PANA QUE FUE
SEÑOR EN OTRA VIDA

En el tiempo que lleva abierto el refugio, y en los años en los que he estado colaborando con asociaciones, he visto todo tipo de perros. Muchos de ellos son capaces de dejarte boquiabiertos por lo listos que son y por la capacidad que tienen para comunicarse y hacerse entender. Tanto, que es bastante razonable poder llegar a pensar que, a lo mejor, son personas reencarnadas. Yo no creo del todo en eso, pero, de verdad, a veces me hacen dudar.

Es lo que pasa con Kiko. Si hay algún perro del que sospecho de verdad que en otra vida fue un señor, es él. De hecho, hasta me apostaría algo. No me he vuelto loco. Lee esta historia y ya verás como luego estás de acuerdo conmigo.

Se trata de un caballerete bastante joven, de un año y medio o dos (nunca se sabe con los panas del refugio). En realidad, él no es un perro abandonado, aunque sí callejero. Y digo esto porque tiene una familia y una casa a la que volver. Lo que pasa es que, cuando se le cruzan los cables, se sale del vallado de su finca y se da sus buenos paseos. Aventurero que es, el colega. Y uno de los lugares que más le gusta visitar es, fíjate tú qué casualidad, nuestro Zooasis.

Yo ya lo conocía de antes, porque al final en el pueblo todo el mundo te suena. Y los perreros, además, nos vamos fijando en los peludos casi más que en las personas. Pues una mañana llegué al refugio y me lo encontré sentado en la puerta. Como el que está esperando en la puerta del banco a que abran para solucionar un problemilla con la cuenta corriente. Solo le faltaba la gorrita, el periódico y la barra de pan debajo del brazo.

En esos momentos, el nombre de este pana era Curro. Y lo que pasa con los Curros es que también son Francisco, Paco, Fran, etc. Y para nosotros se quedó en Kiko.

Esa mañana entró conmigo al refugio con toda la libertad del mundo. A mí no me importaba, ya que no era un perro problemático. Yo pensaba que solo quería curiosear, que pronto se aburriría y que no tardaría mucho en irse por donde había llegado. Lo que no me esperaba de ninguna de las maneras era que fuera a quedarse con nosotros una temporada.

Vino su humano a buscarlo (porque lo avisé) y Kiko no se quería ir. Al final se marchó porque su humano insistió y se lo llevó con él. Pero se ve que Kiko no se quedó muy conforme con esa decisión, porque a la mañana siguiente estaba de nuevo en la puerta a ver si abría. «Que ya era hora, que hay que ver, Juanma, lo tarde que me vienes», parecía decir.

Eso la mañana siguiente, porque más adelante lo que hacía era saltar la valla directamente. Se ve que al señor no le gustaba nada eso de que lo hicieran esperar.

Y como es un señor metido en la piel de un perro, comprendía que no podía estar allí sin más, que se tenía que ganar el pan. Así que se convirtió en trabajador del refugio. Si es que solo le faltaba cotizar.

Sus labores eran varias, pero sobre todo le motivaba la seguridad. Si algún otro pana se escapaba, él saltaba la valla y se encargaba del asunto. Acompañaba a los fugitivos, los entretenía (siempre cerca del refugio) y luego me avisaba a ladridos para que supiera dónde estaban y fuera a por ellos.

También realizaba funciones de gerente. Yo siempre llevo un horario estricto para empezar a trabajar cada mañana en el refugio, que las casetas no se limpian solas. Pues dos mañanas que me retrasé, dos mañanas que se vino hasta la puerta de mi casa a ladrarme. Por un lado, para saber si todo estaba bien. Y luego, al ver que no me pasaba nada malo, para reñirme:

«Que a ver qué horas son estas, Juanma, me cago en la leche, digo, guau».

También me hace mucha compañía. Casi todas las tardes, al acabar la jornada, me doy un paseo por los pinos de la zona. Es una actividad que me sirve para despejar la mente y recargar las pilas. Recomendada al cien por cien. Pues bien, Kiko siempre se viene conmigo. No sé si es porque me tiene verdadero cariño, o porque no se fía de que vuelva a desatender alguna de mis obligaciones.

Qué tío.

Hay días que Kiko no aparece por ningún sitio. Eso no es porque se haya olvidado de nosotros ni de su trabajo a jornada completa en Zooasis. Es porque ha estado trabajando como un campeón y se ha tomado unos días libres para ir a visitar a su otra familia. La original, la que lo sigue llamando Curro. Y cuando él decide que ya está bien de vacaciones, se vuelve al refugio a seguir levantando el país.

A veces me pregunto si no habrá un contrato para él. Así al menos sabré las condiciones y cuándo le toca librar. Para organizarnos los turnos y todo eso.

Estos suelen ser los comportamientos propios de perros

ya mayores. Animales resabiados que, a fuerza de convivir mucho con humanos, han aprendido cosas que a otros se les escapan. Por eso Kiko es tan excepcional. ¡Si es casi un cachorro! Un cachorro con un señor de mediana edad metido dentro, eso sí, pero joven en cualquier caso.

Por cierto, con lo que he dicho de él, ¿te imaginas qué raza de perro es Kiko, así tan listo? Efectivamente, es un chucho, cruzadísimo, ratonero de toda la vida. Y es que, lo vuelvo a decir, cuanto más cruzado y menos de raza, más listo, saludable y longevo es el perro. Ahí lo dejo otra vez, para que el mensaje cale bien.

EL CHICO
PARA TODO

Una vez más, como en otras tantas ocasiones, el *parkour* ha sido clave para hacer crecer mis contactos y mi círculo de amigos. Gracias a este deporte, que he practicado durante seis o siete años, he hecho mogollón de amistades. Muchas de ellas son muy fuertes y duraderas. Como, por ejemplo, es la de Asier, otro de los colaboradores de Zooasis, del que ya he hablado un poquito. Pero ha llegado su momento.

Asier, calienta, que sales.

Le llevo cuatro años. Eso ahora mismo, que tenemos veintisiete y veintitrés, no es nada. Pero, en el momento en que lo conocí, sí que había una diferencia importante, porque yo tenía dieciocho y él catorce. Era un crío que se había apuntado recientemente a esto de ir por la ciudad dando saltos y haciendo el cabra. Otro que no se ha matado de milagro.

Invito a cualquiera que esté leyendo este libro a que lo busque en redes sociales, porque es increíble cómo salta

@asieraranaldee. Lo suyo es un don natural. De hecho, lleva pegando botes desde pequeño. Ya hacía *parkour* sin hacer *parkour*. Un fenómeno.

Como los más motivados con los saltos éramos él y yo, fuimos los últimos del grupo en seguir adelante. Nos quedamos solos. La gente decía que competíamos entre nosotros para ver quién era el mejor. No duró demasiado porque ya ha quedado claro que es él. Sin ninguna duda.

Aparte de su habilidad haciendo piruetas, Asier es muy buena persona. Creo que destaca más todavía por eso que por el *parkour*. Igual que he dicho que Vajtan y yo chocamos mucho y discutimos sin parar, con Asier nunca me ocurre.

¡Y es que es imposible discutir con este chaval!

Lo primero que me dijo al enterarse de que tenía problemas con el hombro (recuerda la operación de la que te hablé al principio del libro) fue que venía a echarme una mano con los panas.

Siento estar comparándolos todo el rato, pero Vajtan y Asier son complementarios en mi vida y tengo la suerte de colaborar con ellos. Lo digo porque, al igual que los perros no suelen llevarse tan bien con Vajtan (cada vez van mejor, también hay que decirlo), a Asier lo quieren con locura.

Al final todo esto da lo mismo porque, por mucha diferencia que haya entre los dos, confío en ellos por igual. Además, he dicho más de una vez que son de las pocas personas a las que dejaría en confianza el refugio y mis hijos (que mis panas son mis hijos). Y eso solo me pasa con ellos, con mi pareja y con mi familia. No es cualquier cosa.

Si te digo la verdad, no sé exactamente dónde nació Asier. Te lo explico. Resulta que su padre fue un futbolista profesional que llegó a jugar en el Albacete y la carrera de muchos futbolistas se caracteriza por cambiar con frecuencia de club y, por lo tanto, de ciudad. Así que de verdad que no sé si Asier nació en Albacete, en Sevilla, en Logroño o en Inglaterra. Para mí es vasco y ya está. Bueno, vasco y albaceteño.

Al igual que pasa con Kiko, la labor de Asier en el refugio es variada. Me ayuda sobre todo con la limpieza, aunque también hace rescates y me acompaña con los perros que podrían ser más reactivos. En realidad, me meto en la jaula con él y el perro y enseguida veo si le va a morder o no. Ya he comentado antes que hace muy bien de conejillo de Indias.

Pero que no se me preocupe nadie, que ya digo que los perros lo aman y nunca pasa nada. Para que un pana quisiera morder a Asier, tendría que estar en un estado de estrés

crítico, y eso es algo que se detecta rápidamente. En esos casos, claro, actuamos de otra manera para estar seguros tanto nosotros como el perro.

Como puedes ver, es de lo más útil. Le recomiendo a todo el mundo meter un Asier en su vida. El chico para todo.

EL PANA QUE LE PONÍA CONTRASEÑAS AL WIFI

Con lo avanzado que llevo el libro y todavía no he hablado del segundo perro que tuvimos en el refugio. Era de la quinta de Connor, con quien llegó a coincidir. Estoy hablando de Solano.

Este pana tenía muchas características que lo hacían destacar, pero al final lo que se le ha quedado es lo más evidente. Y es que el pobre era muy feo. Más que la columna de un garaje, más que un frigorífico por detrás, más que un cartón mojado.

Era difícil determinar qué raza de perro era (de caza, seguro). Y es que no lo puedo explicar, así que menos mal que he podido poner una foto (es el pequeñín peludo). Así ya no tengo que describirlo más. Tenía un color marrón muy poco favorecedor, pero lo que más resaltaba era la cara que tenía el pobre. Insuperable, de verdad.

La cosa era tan extrema que en casa llegamos a cambiar la contraseña del wifi por él. Como África no dejaba de llamarle feo (y yo para mis adentros también, para qué lo voy a negar), puse como contraseña «Solanoguapo<3». Y es que era la única forma de cambiar esa tendencia.

Cuando llegó al refugio, no había sitio para él. Es que no había refugio, básicamente. Solo estaba la primera caseta, la de Connor, y este era superreactivo, así que no podía meterlos juntos. Por ello, ya había decidido que no lo iba a acoger. Entonces, el chico que me lo trajo me dijo que había contactado con otras asociaciones y que nadie lo quería porque era muy mayor y era muy difícil encontrarle hogar. Aunque no quisiera reconocerlo, era obvio que su fealdad también tenía mucho que ver.

Eso hizo que me saltara un resorte por dentro y ya no me pude resistir más. No iba a abandonar a ese pana a su suerte. Le dije que me lo dejara, que ya me las apañaría como fuera. Sin mucho plan, fui al hombre del pueblo que vende las vallas y le pedí cinco metros más. Cinco metros para los que no tenía presupuesto, pero como somos del pueblo y me conoce, me las dejó a deber. Solo así tuve la oportunidad de fabricarle su propio espacio a Solano para que pudiera estar con nosotros antes de que Zooasis fuera Zooasis.

Y menos mal, porque Solano llegó con un miedo terrible. Si a su alrededor alguien hacía un movimiento raro, inesperado o mínimamente repentino, él ya no solo daba un respingo para atrás y se achantaba, que es más o menos lo normal con perros miedosos. Él se tiraba al suelo y se meaba encima. Y luego se escondía donde fuese.

No sé por lo que tuvo que pasar el bueno de Solano para llegar al refugio con semejantes reacciones, pero me temo lo peor. Tú también te lo imaginarás, claro.

Poco a poco, con mucho cariño y mucho tiento, fuimos recuperándolo. Cogió mucha confianza conmigo (lo normal, porque estoy siempre por allí), pero sobre todo con África. Esta historia de amor ya fue algo extremo. Para demostrarlo, hicimos un vídeo en el que mi chica se ponía en cualquier parte lejos de la caseta de Solano y a este le daba lo mismo: en cuanto le abríamos la puerta, me ignoraba por completo y se iba adonde estuviera ella. Y no se conformaba con saludarla, sino que se le subía encima y la abrazaba. Una vez hecho esto, entonces sí, se venía conmigo y me saludaba.

Vamos, que casi consiguió ponerme celoso.

Con el paso del tiempo fue ganando confianza y mejorando con sus problemas, pero el mayor inconveniente es que el pobre seguía siendo feo, porque en Zooasis ayudamos a los panas, pero milagros (por el momento) no hacemos.

Los que lo conocíamos y sabíamos cómo era lo queríamos con locura (sobre todo África, incluso después de todas las veces que lo había llamado feo), pero con esa planta era muy complicado encontrarle un hogar. Incluso agarré el COVID por aquella época y, cuando peor me encontraba, casi moribundo, le dije a mi hermano Anto: «Este es mi fin, lo único que te pido es que le encuentres casa a Solano». Y él me respondió: «Déjame algo más imposible, cacho guarro; millones no, pero una misión imposible sí».

Así que cuando ya daba por hecho que mi panardo Solano se iba a quedar para vestir santos, apareció su humana. Porque si algo he aprendido desde que tengo el refugio es que siempre hay un roto para un descosido. Se trataba de una chica que había visto los vídeos (muchos) que sacaba de Solano diciendo que era un perro muy bueno, pero más bien tirando a feíllo (había que suavizar las cosas). Y era de Barcelona, nada menos. Le daba igual, se había enamorado de este señor.

El gran inconveniente era que ella no tenía coche. Pero si en Zooasis nos sobra algo, es ganas de sacar adelante a nuestros panas. Y recursos, que de esos tenemos un rato. Así que me fui con Solano a Valencia, lugar desde donde una empresa de transportes podría llevarlo en buenas condiciones hasta Barcelona. Cuando digo «en buenas condiciones» me refiero a un transporte seguro, cómodo y que le cause el mínimo estrés posible al animal. No vale con enviar de cualquier forma a los perros, que no son paquetes de AliExpress y ellos pueden sufrir muchísimo con los viajes.

Cuando lo dejé en Valencia me sentí muy mal. De verdad que le había cogido mucho cariño y que creía que iba a estar siempre con él. Pero se me pasó cuando vi las primeras imágenes de Solano en su nuevo hogar. Él tenía siempre una mirada y una expresión muy tristes. Seguramente había vivido toda su vida en una caseta, casi a la intemperie, solo, sin un hogar. Pues cuando lo vi en esa foto, echado en el sofá de la que iba a ser su nueva casa, noté que le había cambiado la cara. No se había vuelto guapo de repente (eso me parece que no va a ser posible), pero ya era otra cosa.

Estaba feliz, satisfecho. Casi tanto como yo al verlo.

MI FAMILIA NO PELUDA

Desde la inauguración del refugio he pedido ayuda muchas veces y de muchas formas distintas. Estoy seguro de que sabes de lo que hablo. Y vale casi cualquier cosa: adoptar a algún panilla, apadrinar o venir a echar una mano si tienes tiempo (sobre todo para pasear a la comunidad de panas). Aquí trabajo nunca falta y estoy agradecidísimo.

Pero, a la hora de la verdad, quienes nunca han faltado han sido Vajtan, Asier, África y, sobre todo, mi familia. Mi padre y mi hermano son los que más han arrimado el hombro con la obra. Y menos mal, porque los tutoriales de YouTube están genial, pero no siempre son suficiente.

Tengo que decir una cosita que a lo mejor causa revuelo, pero es verdad. Tanto mi padre como mi hermano son taurinos. Mucha gente opina que es imposible que ninguno de ellos quiera a los animales. Y está claro que lo dicen por mí, porque me quieren, me apoyan y desean que todo lo que hago salga adelante. Sin embargo, también te digo que ellos quieren a estos panas. Y los quieren de verdad, de una forma muy pura.

Todo esto es muy complejo y sé que yo no lo voy a resolver en este libro, pero hay que tener muchas cosas en cuenta. Y, ojo, soy el primero que ve la tauromaquia como un ejemplo de barbarie y también sería el primero en abolirla. Pero he de reconocer que no todo es blanco o negro. Hay muchos grises de por medio, aunque yo mismo no los sepa ver.

Ni te imaginas las discusiones que tengo con ellos en Nochebuena. Nuestras posiciones son opuestas por completo y sé que es imposible acercarnos. No nos matamos ni nada por el estilo, pero en esta cuestión no puede haber ni una pizquita de acuerdo.

Aunque en principio uno podría pensar que es imposible que a estas personas les gusten los animales, se hacen cargo del refugio si yo no puedo. Y lo hacen con el mismo cariño y dedicación que alguno de mis colaboradores. ¿Cómo se explica esto? Pues, hoy por hoy, no tengo una respuesta clara. Y mira que me fastidia.

Me cuesta una barbaridad procesar esto de que a alguien le pueda gustar la tortura de animales y, al mismo tiempo, sienta cariño y compasión por ellos. ¿Por unos sí y otros no?

Me cuesta, pero he aprendido a vivir con ello. No lo entiendo, pero ocurre. Yo mismo lo he vivido.

Me doy cuenta de que mucha gente ve la tauromaquia como un arte, algo alejado del hecho de que se está torturando y asesinando animales de la peor forma posible. Para mí esto se parece más a un baño de sangre en el Coliseo romano que a un cuadro del museo del Prado. Vamos, que para mí de arte tiene poco. No obstante, hay gente que lo ve así. ¿Y quién soy yo para decirles que están equivocados? Pues a lo mejor no tengo esa autoridad y no me queda más remedio que conformarme. Seguir adelante con mi trabajo y mis ideas, pero respetar que haya gente que pueda entender la vida de una forma distinta.

Y eso que en mi familia, de nuevo, hay verdadero amor por los animales. Yo no soy un bicho raro que se ha sacado esto de los panas de algún sitio extraño. Yo lo he heredado y lo he vivido en mi casa. Lo he mamado, como se suele decir. Así que podría asegurar (sin equivocarme mucho) que los taurinos a los que les gustan los animales no piensan que están haciendo daño. Ya te digo que yo no lo acabo de entender, pero parece ser que es así.

También hay algo de especismo. Para ellos, por ejemplo, los perros no son lo mismo que los toros. Por eso ven con buenos ojos que se proteja a los perros, gatos y animales de compañía y que, al mismo tiempo, se permita hacer lo que se hace con los toros.

De nuevo, es un asunto muy complejo para el que no tengo respuestas definitivas. Siento no ser tan tajante como lo soy con otros aspectos. Si tú tienes tu propia opinión, déjamela en redes y te escucharé. Si lo haces desde el respeto y con ánimo de aportar, claro. Si es para hacer el cafre, mejor vete a otro sitio, que no te voy a dedicar ni un segundo porque los panas me necesitan y tengo mucho que hacer.

Dejando todo este jaleo un poco de lado, lo que no dudo es que tengo la suerte increíble de haber recibido tanto apoyo de mi familia. Conozco casos de amigos cuyas familias no entendían qué hacían y no les ofrecieron ningún apoyo. En mi caso no fue así en absoluto. Me siento arropado y bien acompañado. Todo lo bien que podría estar. Y por todo ello doy las gracias a diario.

LAS REDES SOCIALES Y ZOOASIS

Un proyecto como Zooasis no sería lo que es sin las redes sociales. Así de rotundo. Sin redes sociales, en el momento en que escribo esto habría dos o tres casetas montadas en el refugio. Como mucho.

Esto se debe a que empecé este proyecto con los pocos ahorros que tenía (daban para comprarse un Mercedes... Sí, del Scalextric). Tenía un trabajo normalito y destinaba más de la mitad de lo que ganaba a casetas, piensos y gastos veterinarios. La familia me ayudaba en todo lo que podía (sobre todo dedicándole tiempo), pero así, por mis propios medios, no podía llegar muy lejos.

Sin embargo, gracias a las redes he podido mostrar al mundo qué es lo que estamos haciendo. Y, sobre todo, cómo lo estamos haciendo y hasta dónde queremos llegar. Este nivel de difusión ha permitido dar mayor visibilidad a los panas para que encuentren hogar, pero también ha

servido para impulsar los apadrinamientos y para conseguir donaciones. Todo eso es fundamental para un refugio de animales.

Me acuerdo de Narco, un *pitbull* enorme que teníamos aquí, ya con unos años. Narco es el tipo de perro que se pasa la vida entera en un refugio porque es un PPP (ya sabes, «Perro Potencialmente Peligroso»). Nadie quiere un *pitbull* adulto. Si acaso un cachorro, pero uno ya mayor, no, porque tienen mala fama (totalmente inmerecida) y a muchas personas les dan miedo.

Además, este panardo tenía fallos renales y un montón de alergias, por lo que necesitaba mucha medicación. Y, a pesar de todo, Narco encontró hogar. Y la diferencia está en las redes sociales. Los demás refugios y asociaciones también están en lugares como Instagram, YouTube o TikTok, pero tienen muy poco alcance. No es lo mismo que tus vídeos tengan unos pocos miles de reproducciones a que te vean dos o tres millones de personas al mes, que es la media que manejamos nosotros en estos momentos. Y sigue creciendo.

Sin este escaparate, en lugar de tener cincuenta perros como hoy en día, serían doscientos, porque no podrían encontrar hogar y se nos acumularían. O tendríamos esos cincuenta, pero no podríamos rescatar más. Sin embargo, en unos cinco o seis meses, todos los panas van encontrando a sus humanos. Y eso, de nuevo, es gracias a la gran visibilidad que dan las redes.

Luego está el tema del dinero. Es verdad que las plataformas ingresan cantidades a los creadores por conceptos como publicidad, pero es una cosa testimonial. Para ganarse un sueldo con la publicidad en redes hace falta tener millones de seguidores y chorrocientos millones de reproducciones. Hasta ahora, para lo que a nosotros nos da al mes es para cuatro o cinco sacos grandes de pienso (que menos es nada, ojo, pero tampoco es para tirar cohetes).

Por otro lado, están los patrocinadores, que es algo mucho más interesante y que nos ayuda a mantener los enormes gastos que tiene el refugio. Procuramos ir guardando para las obras (que, como no paro de contar, Zooasis está en proceso permanente de remodelación y ampliación) y también para las emergencias. Esto último es muy importante porque en cualquier momento hay que hacer alguna operación de urgencia y eso hay que tenerlo previsto.

En resumen, como te habrás imaginado, somos completamente dependientes de las redes.

Yo empecé haciendo como la gran parte de refugios y asociaciones que conocía: poner fotos de los perros y su descripción. Y eso funcionaba regulín. Yo mismo entraba en las redes de los otros refugios y me daba cuenta de que no leía ninguna descripción. Me dije: «Si no las leo yo, que estoy interesadísimo en todo esto, ¿quién las va a leer?».

También noté que en esas redes faltaban caras: las de quienes están detrás de todos esos animales y necesitan ayuda. Yo creo que a la gente no le gusta seguir publicaciones abstractas. Creo que atraen más cuando hay alguien hablando y que se está dirigiendo a ti. Por supuesto, los protagonistas aquí son los perretes, pero está bien que haya alguien que te hable. Y eso les faltaba a las redes de los refugios.

Una vez que lo comprendí, empecé con el siguiente formato: grababa al perro y enseguida me grababa a mí explicando quién era, su situación, su historia, sus necesidades, etc. Ya no es un texto frío y sin alma, que parece más una ficha policial que otra cosa. Además, hoy en día en las redes no se le dedica tiempo a nada. Si pones algo para leer y ya, no funciona. O no funciona tan bien como un vídeo más directo.

Así que el primer vídeo que hice con estas características fue de ¡una tortuga! Una señora tortuga, por cierto, enorme, que rescatamos justo al principio. La diferencia fue impresionante. De los primeros vídeos que colgamos, que llegaban a las mil o dos mil visualizaciones, pasamos de golpe a diez mil, por lo que seguí por ese camino.

Algunos vídeos llegaron a más gente, otros a menos, pero la tendencia era a la subida. Yo fui cogiendo confianza también. Al principio sonaba frío, torpe, robótico. Algo así como C3PO con COVID; un desastre. Pero poco a poco fui soltándome hasta convertirme en el tipo que no se calla ni debajo del agua que soy ahora. Es que ya ni me los preparo. Ni guion ni nada: explico lo que tenga que explicar y —con montaje, eso sí— ya sale el vídeo adelante.

Es que además creo que así queda más natural y directo, que gusta más. No sé, dime tú, que ya habrás visto algún vídeo mío.

CÓMO GANÉ MI PRIMER MILLÓN DE DÓLARES

Espero que, tras el capítulo anterior, se note la ironía del título de este. Es posible que hoy en día, en un mundo dominado por los *influencers* y la gente que se pega la gran vida en las redes, haya quien se piense que he montado un emporio. Que esto del refugio sea el gran negocio del siglo. De verdad que no culpo a quien piense así porque hay mucho mito y mucho fantasma por ahí suelto. Pero, vamos, que conmigo se equivoca.

Vamos a empezar por el principio. Sin contarme a mí, los dos trabajadores oficiales del refugio, Vajtan y Asier, están dados de alta en la Seguridad Social y reciben su debido sueldo. Y no me cuento a mí porque no tengo un sueldo fijo. Esto se debe a que priorizo que salgan las cuentas, que haya ahorros para emergencias y que mis dos colaboradores tengan lo suyo. Así que la cantidad que me corresponde tiende a ser ridícula.

No pasa nada, porque tengo la enorme suerte de vivir con muy poco. La casa donde vivo no tiene hipoteca, porque me la hice yo con ayuda de mi suegro a la vez que construía el refugio. Mi coche y el de Zooasis también están ya pagados (aunque me temo que ninguno de ellos son Mercedes). Y yo, con todo lo básico ya cubierto, apenas necesito nada más. Gasto muy poco y la mayor parte de mi tiempo (aparte de jugar a la Play, claro) la dedico a estar con mis panas. Ellos son, además de mi trabajo, mi hobby y mi pasión.

No soy un tipo que salga de fiesta, no me gusta beber, no fumo, no me gusta comer en sitios de comida rápida (en otros, de vez en cuando, sí, claro). A mí lo que me gusta es disfrutar de mi hogar y estar en el refugio, y eso da muy poco gasto. Llámame ermitaño, pero es así. Y soy feliz.

Les dedico a mis panas tanto tiempo como puedo. Esto a veces es un problema con África, que si no va al refugio a veces ni me ve. Me suelo despertar en torno a las siete y al poco ya voy para allá. En invierno no puedo hacer nada tan temprano porque está todo congelado, pero ya estoy con los perretes y me quedo por allí paseando a algunos, reparando cosas, preparando la jornada… Parece mentira, pero en un refugio de animales siempre hay algo que hacer.

Luego, en cuanto se puede, me pongo a limpiar. La limpieza es fundamental, ya que si la dejas pasar un día, aquello se convierte en una pocilga. No se puede dejar pasar. Nunca. Es algo que llevo a rajatabla. Así que allí estoy todos los días sin falta, tantas horas como sea posible (por lo general, todo el día).

Si me voy de vacaciones es por África. Pobre, a ella también la tengo que cuidar, que se lo merece todo. A ella le gusta viajar más que a mí. Mucho más. Así que el año pasado estuvimos cinco días en París. Por ella, por hacerla feliz. Y me lo pasé muy bien, es verdad, pero al poco ya estaba comiéndome las uñas y preguntándome cómo estarían mis panas. Soy así, no lo puedo evitar.

Y eso que dejé el refugio en las mejores manos posibles, es decir, en las de Vajtan, Asier y mi familia. Pero seguía sin estar tranquilo del todo. Fue uno de los motivos por los que instalamos cámaras en el refugio. Así podemos tenerlos controlados en todo momento (y yo puedo verlos aunque esté lejos, lo que me deja mucho más tranquilo). Pero cuando estaba en Francia, ni cámaras ni leches.

Mucha gente me dice que es necesario desconectar del trabajo. Que me tome más vacaciones, que me vaya por ahí. Y yo les agradezco que se preocupen, pero, de verdad,

esto que hago no es esfuerzo para mí. Dedico mi tiempo a lo que más me gusta, disfruto de cada segundo que paso con mis panas. No necesito desconectar. Al revés, recargo las pilas cuando estoy en el refugio. El estrés viene cuando me separo de ellos. ¡Si en París me iba detrás de los perretes que me iba encontrando por la calle! (Las miradas feas de algunos dueños me dio igual).

La conclusión a la que llegó África es que conmigo no se puede ir a ningún sitio. Ay.

Y ahora la parte jugosa que más de uno estará esperando: el salseo. Porque sí que ha existido la posibilidad de corrompernos. De hecho, está siempre muy presente. Y como ejemplo tenemos lo que pasó con la camada de *border collies* de la que he hablado antes. Pero hay más.

Ha habido más casos en los que hemos tenido perros de razas muy solicitadas. Aunque no llegaron a ofrecernos el dineral que nos daban por los *border collies*, también eran propuestas muy golosas. También pasa con los galgos, pues existe mucho tráfico hacia países de Europa donde los adoptan y hay dinero de por medio en las transacciones. Con el número tan alto de galgos que tenemos en Zooasis, cualquiera un poco pillo podría montar un negociete muy suculento haciendo de intermediario.

El dinero es muy goloso, eso lo sabe todo el mundo. Y en un refugio donde siempre hay cosas que hacer y donde los gastos son una locura, que te pongan cantidades altas delante de la cara presenta fuertes dilemas. Sobre todo al mirar lo que hay en la cuenta de Zooasis.

¿Por qué hay tan poco en la cuenta del refugio? Pues porque todo lo que entra, sale. No hay intención de sacar beneficio. Todo se va directamente a seguir ampliando el recinto, a mejorar las instalaciones, a pagar todo lo que se debe sin falta. Y si se guarda algo, como ya he comentado antes, es para emergencias veterinarias, que siempre pueden surgir.

Si me lo plantease de otra forma, podría darme un capricho importante cada cierto tiempo. Claro, dejo cosas sin hacer, descuido a los perros y a cambio saco dinero para mí. Pero es algo que sé que no va a ocurrir nunca.

El motivo es que tengo la certeza de que en el momento en que acepte dinero por algo que no sea exclusivamente en beneficio de los perros, todo se perderá. La esencia, las ganas de ayudar, todo. Me convertiría en otro Tiger King y es lo último que me gustaría. Lo tengo más que claro.

Y es que, como gran aficionado al cómic que soy, sigo la filosofía de Batman. Él combate el crimen con todo tipo de armas y artilugios, pero se niega a matar a nadie. Y eso es porque sabe que en el momento en que mate a alguien, se abre la veda y ya no quedaría muy claro dónde está el límite. Pues yo opino lo mismo con el dinero.

Sería apretar el botón de autodestrucción.

QUÉ
MALA PATA

Me toca hablar de uno de los capítulos que más me fastidian porque se trata de uno de los casos de accidentes que hemos tenido en Zooasis. Pero este fue por nuestra culpa. O, por lo menos, así lo siento yo.

Como ya he comentado alguna que otra vez, el refugio está separado del exterior por una valla metálica. Pues a Máximo, un galgo joven que nos había llegado no hacía mucho, no le importó que fuera un trozo de metal. Con esa boca tan potente que tienen los galgos (que nunca se habla de ello, pero menuda colección de piños que tienen los amigos) se las arregló para abrir un agujero. Y con la ansiedad del momento, metió una pata delantera por el hueco que él mismo había abierto.

La cosa, por desgracia, no se quedó ahí. Y es que otra característica de los galgos, que tampoco es muy conocida, es que son cabezotas como ellos solos. Así que, al ver que tenía la extremidad atrapada, empezó a tirar. Y a tirar. Y a tirar. Se había enganchado con un pico de la valla y, hasta que no se separó de ella, no paró.

El resultado: se había destrozado la pata entera. Y de la peor forma posible.

Cuando llegué, la impresión fue terrible. Me encontré un verdadero río de sangre sobre el cemento. Y la pata en carne viva. La suerte que tuvo el pobre Máximo fue que la hemorragia había parado bastante cuando llegué y no se desangró. Aun así, mi pana estaba mareado y semiinconsciente.

Lo primero que pensé fue que eso se había debido a una pelea, aunque era raro, porque los compis de esa caseta se llevaban muy bien (y no es habitual que lleguen a hacerse ese destrozo). Tampoco tuve mucho tiempo para ponerme a investigar, ya que la prioridad estaba clara: al veterinario de cabeza.

Al curarlo e inspeccionarlo, el veterinario me dijo que eso no era un bocado. No había rastro de dentelladas, que estas dejan una herida muy característica. Tenía que ser otra cosa. Por ese motivo, al regresar investigué un poco y, entonces sí, descubrí lo que había pasado. No es que yo sea Sherlock Holmes, es que con semejante agujero en la valla, justo donde estaba la sangre, muchas más opciones no había.

Lo que vino después fue tanto o más duro que el accidente en sí. Fueron dos semanas de visitas diarias al veterinario y de curas interminables. La herida era muy bestia y necesitaba de toda nuestra atención para que no fuera a peor y terminara perdiendo la pata.

Hubo un momento en el que pareció que sí íbamos a conseguirlo. Es un perro muy bueno y estaba respondiendo al tratamiento como un campeón. Y la pata estaba recuperando calor, que era uno de los principales objetivos. Había esperanza. Pero, ay, no sabíamos lo mucho que nos equivocábamos.

Poco a poco, empezaron a caérsele partes de la extremidad. Primero fueron algunos dedos y luego trozos de carne, hasta que se le empezó a ver el hueso. Llegamos a la conclusión que más nos temíamos: había que amputar.

No era una decisión fácil; siempre que sea posible, se procura conservar los miembros. Pero aquello se estaba necrosando y, si no actuábamos pronto, podría acabar matándolo. Además, Máximo era casi un cachorro y más pronto que tarde terminaría acostumbrándose a hacer vida con solo tres patas. Los perros son capaces de eso y de mucho más.

En fin, preferíamos un Máximo discapacitado antes que un Máximo enterrado.

Efectivamente, con el tiempo vimos que se defendía perfectamente. A lo mejor ya no valdría para perseguir liebres (daba igual, yo jamás iba a permitir que lo adoptase un cazador), pero corría, saltaba y jugaba casi como siempre. Y se mostraba contento una vez liberado del dolor tremendo de la pata (y también de las curas).

La parte positiva de todo esto es que Máximo tuvo mucha visibilidad en redes durante todo su proceso de recuperación. Y, además, recibió un camión de cariño por parte de los seguidores del refugio y no tardó en encontrar un hogar, que es lo mejor que le puede pasar a cualquiera de nuestros panas.

Así que mala suerte por ese accidente, pero buena porque se aceleró el proceso de adopción. Y ahora está en su nueva casa, calentito en invierno y fresquito en verano, bien cuidado, querido, feliz. Con una pata menos, sí, pero con una familia, que es lo que más puede desear un perrete.

¿Por qué he dicho al principio que el accidente se había producido por nuestra culpa? Bien, es verdad que no fue directamente culpa nuestra, pero entiendo que podría haberse evitado si hubiéramos contado con más ingresos en el momento de abrir el refugio y si los organismos públicos (la Consejería de Medio Ambiente, la de Agricultura y la de

Fomento, sobre todo) hubiesen sido un poco más rápidos a la hora de darnos los permisos de construcción. Porque si yo hubiera tenido esos permisos en el momento en que envié los papeles, habría tenido levantada no una valla, sino un muro de piedra.

A ver, hay que ser justos. Yo entiendo que los organismos oficiales tienen mucho trabajo, que no estoy yo solo y que hay cosas con preferencia. Además, hay mucha gente muy trabajadora que se deja el lomo por sacar todo adelante. De acuerdo, perfecto, pero si se dieran la misma prisa en atender a los ciudadanos como se la dan a la hora de exigir requisitos (y, ejem, dinero), todo funcionaría mejor.

Por otro lado, con un muro de piedra, Máximo no hubiera abierto un agujero, pero estaba tan ansioso que lo mismo se hubiera desgraciado de cualquier otra forma. En fin, que no podemos saberlo. Pero, aun así, siento que era algo evitable.

Por eso, me fastidia especialmente que ese pana haya perdido una pata. En fin, al menos es una historia que se cierra con final feliz. Feliz él y feliz su nueva familia.

EL ENTORNO
DE ZOOASIS

Llevo ya más de medio libro y todavía no he hablado del emplazamiento donde se encuentra el refugio. Mucho hablar de las vallas, las casetas o de esto y lo otro, pero no he ofrecido una panorámica de Zooasis ni de cómo es realmente. Te lo voy avanzando: una pasada.

Es simplemente perfecto. Se trata de un valle metido entre dos montes de no demasiada altura, así que ocupa parte de una rambla. ¿Por qué esto es bueno? Pues porque está a cubierto del viento, que a la intemperie puede dar muchos problemas, sobre todo en invierno.

Se trata de un terreno que compró mi abuelo hace muchos años. No porque fuera rico, sino porque la tierra es abundante en la provincia de Albacete y su precio nunca ha sido especialmente alto. Además, se trataba de terreno ni urbanizable ni capacitado para la explotación agrícola.

Eso sí, mi abuelo, ante la posibilidad de que fueran a

dar una subvención a quien plantase pinares, se lanzó a comprar (y a plantar) con muy buen criterio, además. Así que encontró un monte pelado y lo plantó por completo de pinos. Estamos hablando de ocho hectáreas, que son nada menos que ocho mil metros cuadrados, que se dicen pronto. De este modo, logró veinticinco años de subvención. Es algo que no te sacaba de pobre, pero que ayudaba en buena medida.

Además, el río de la Madre (nombre por el que se conoce en el pueblo, que igual en los mapas pone otra cosa) pasa a escasos cincuenta metros, surtiendo de humedad a todas esas tierras. Por si fuera poco, también hay una acequia que se usa para regar los bancales y demás.

El acceso desde el pueblo, que queda a unos tres kilómetros, es también estupendo. Se trata de un camino que no está pavimentado, pero sí en condiciones excelentes para que lleguen todo tipo de vehículos. No es de estos caminos de cabras que a poco que te descuides ya te destrozan los bajos. No, por aquí pueden pasar hasta camiones grandes (algo de vital importancia para una anécdota que contaré más adelante; atento).

Por lo demás, es todo monte y valle. Es muy abierto, sin nada alrededor. Por supuesto, goza de una paz y una tran-

quilidad muy difíciles de encontrar en nuestro día a día. ¡Si es tranquilo hasta para un pueblo de la provincia de Albacete! Muy posiblemente sea uno de los motivos por los que estoy tan feliz allí y se me recargan tanto las pilas cuando me doy mis paseos por el pinar.

Cuando descubrí que en mi familia contábamos con esos terrenos, lo vi clarísimo. Allí iba a ser.

Estas características, claro, también nos han ocasionado algunos que otros problemas (de nuevo, con las instituciones). Y es que se trataba de suelo forestal. Pero yo quería montar un refugio para animales, que es de lo menos agresivo con el entorno que puede haber. Allí no iba a edificar un hotel spa resort cinco estrellas con balneario y campo de golf.

Con todo, tuvimos que reconvertir el tipo de suelo para montar el refugio. Por suerte, era solo un pequeño trámite (ejem, pagar). «Por suerte». Y, bueno, ya estaba todo para poder poner en marcha Zooasis.

Que no se me enfade nadie, que no hay motivo. No hemos quitado los pinos para hacerle hueco al refugio. Al revés, estamos encantados con ellos, sobre todo en verano, que puede ser hasta peor que el invierno. De esta manera, los árboles están integrados en el refugio; están por todos sitios. Lo que hemos hecho ha sido podarlos, algo necesario para construir y luego para ampliar.

El mayor problema que tienen los pinos es el de la procesionaria. Mucho cuidado con ella. La procesionaria es un tipo de oruga que vive casi exclusivamente en los pinos. Llega un momento del año en que estas orugas bajan de los árboles y forman unas filas que pueden llegar a ser muy largas. Y parece que marchan en procesión, de ahí su nombre.

Resulta que estos bichitos están recubiertos de unas púas que parecen pelos y que pinchan a lo bestia. Solo con rozarlas ya te sale una buena hinchazón en la zona afectada. Esto, claro, es una trampa mortal para los perros, que van olisqueando todo lo que se encuentran por el suelo. El hocico es la parte más sensible y débil que tienen, así que el contacto con una sola de estas procesionarias puede dar lugar a un choque anafiláctico. Y de ahí a estirar la pata hay un suspiro.

Por eso mismo, en la época de apareamiento de las procesionarias, que dura unos cuantos meses, nos toca estar muy al loro. Primero, vigilando el terreno para que las filas de orugas no entren en el refugio. Y segundo, fumigando bien todos los pinos que quedan dentro del vallado. Y los que andan cerca también, claro. En realidad es algo que no cuesta tanto, pero como el peligro potencial es grande, tenemos que andarnos con mil ojos.

Por otro lado, seguimos trabajando en mejorar las infraestructuras del refugio. Como ya he comentado, el verano puede ser peor que el invierno. Además, los perros procesan muy mal las altas temperaturas: sufren mucho de junio a septiembre y, como no te andes con ojo, les puede dar un golpe de calor muy fácilmente. Así que, aprovechando la cercanía del río y la acequia, me he encargado de instalar un sistema de riego por aspersión. No te lo imagines como los de los campos con césped: se parece más bien a los sistemas de difusión de agua que hay en las terrazas de algunos bares, que «fumigan» desde arriba y ayudan a mantenerse fresco. Y eso es algo que los panas agradecen a más no poder.

También, en esta lucha contra el calor, les pongo toldos entre los árboles para crear la mayor cantidad de sombra posible. El problema es que por temas de sanidad hemos tenido que rellenar muchas superficies con hormigón. El hormigón puede evitar la formación de charcos y lodo (aunque los olores los mantiene mucho más), pero es malísimo para la difusión del calor. Si le da el sol, lo concentra. Quien viva en una ciudad sin muchos árboles sabrá de lo que hablo. Es algo contra lo que también tenemos que luchar.

Otra idea fue poner unas placas solares que proporcionasen corriente al refugio y poder alimentar así la «caseta para humanos». En esa caseta (donde hay una cocina y un sofá) hemos instalado una nevera que, entre otras cosas, sirve para enfriar unas mantas frescas que se utilizan en estos casos. Por la noche se meten en el frigo y por la mañana están a una temperatura perfecta para refrescar a mis panitas y que se echen ahí el rato que ellos quieran.

Tengo en proyecto hacer una balsa para llenarla de agua y crear así una especie de piscina, que es algo con lo que disfrutan mucho los peludos. Bueno, una parte de ellos, porque hay otros que es ver un poquito más de agua que en el plato de beber y ya se ponen nerviosos.

Para el invierno, que también se las trae (no olvidemos, estamos en Albacete en medio del campo), hemos instalado una tubería de cobre que rodea el recinto y pasa por las casetas. Usando la energía solar y una caldera, hacemos que por allí corra agua caliente, lo que sirve para mantener a buena temperatura a los perretes.

Es verdad que a los perros les afecta mucho más el calor que el frío, pero eso no significa que no lo pasen mal cuando el termómetro se pone por debajo de cero.

Otro aspecto del refugio del que no he hablado aún es

la disposición de las casetas. El plano original de Zooasis es en forma de «U» con una especie de patio en medio y la caseta de humanos en un extremo.

Cada caseta está hecha de hormigón y tiene un metro de alto, otro de ancho y cuatro de largo. Y, aparte de eso, tiene entre diez y dieciséis metros cuadrados de terrenito fuera para que se muevan un poco y no estén siempre encerrados. Recordemos que los perros requieren espacio y salir a estirar las piernas tanto como sea posible. Mientras limpio sus casetas, los saco para que corran dentro del refugio, en el patio que queda en medio. Y también los paseamos a diario por los alrededores un buen rato.

La mayoría de las casetas las comparten tres panas. Aunque hay casos extremos (sobre todo a la hora de comer, cuando hay perros que se ponen muy posesivos) que tienen que estar solos o, como mucho, acompañados por algún pana que sea muy compatible y nada reactivo.

La hora de la comida es un poco conflictiva. Por regla general, los perros que han estado en la calle o abandonados han pasado hambre y han tenido que pelear por la comida. Eso hace que se vuelvan territoriales a la hora de mover el bigote. Por eso mismo, nos encargamos de que los comederos estén lo suficientemente separados. Por si las moscas.

Lo ideal sería poner comederos electrónicos, que se pueden manejar y controlar incluso a distancia, pero es algo que vamos a dejar, por el momento, para un futuro en el que vayamos más desahogados.

Por desgracia, a diferencia de otros animales más limpios como los cerdos (no es broma esto, investiga un poco y flipa), los perros son poco estrictos con los desechos que producen. Prefieren no hacer sus necesidades en el mismo sitio donde comen, beben y duermen, pero si llega el momento, tampoco se complican demasiado la vida. Por eso mismo, una de mis primeras tareas del día es la limpieza de las casetas. Por supuesto, todos los días sin falta.

Esto hace que sea muy complicado establecer una rutina estricta de salidas para cada pana. Como la limpieza se puede complicar un día por mil motivos distintos, los horarios pueden cambiar. De hecho, cambian constantemente, y esto hace que no podamos tener una tabla de horarios en la que se refleje a qué hora exacta sale cada uno.

¿Por qué es importante? Pues porque ese carácter imprevisible hace que el número de cacas y pises en lugares poco apropiados aumente también. Y eso hace que se tarde más aún... Un ciclo sin fin, como en *El Rey León*.

Una de las mejores soluciones a este problema es la de los voluntarios: personas que se prestan a venir a pasear a los panas mientras limpiamos o a ayudar con la limpieza. Si aquí hay trabajo de sobra para todos.

COSAS QUE PASAN CONSTRUYENDO ZOOASIS

No era mi propósito en un principio, pero he hablado bastante de la construcción del refugio. Mis problemas levantando vallas, lo que aprendí viendo tutoriales en YouTube, lo mucho que me ayudaron (sobre todo mi suegro, que es un pro) y lo caro que salió (y sigue saliendo) con tanta tasa. Pero es que todavía me queda más de una cosita por contar, porque no pienso permitir que en este libro no se mencione el tema del depósito de agua.

Al principio yo tenía un depósito de mil litros, lo que puede parecer una barbaridad. Bien, para un piso normal seguro que lo es, pero para un refugio, no tanto. De hecho, por ley nos obligaban a tener uno de, como mínimo, cinco mil litros. Tiene su explicación, claro. La cuestión era que tuvimos que hacernos con uno nuevo.

No sé si te imaginas lo grande que es un bicho capaz de almacenar cinco mil litros de agua. Una burrada, ¿verdad?

Pues ahora imagínate el doble, porque pedí uno de ocho mil y por error nos enviaron uno de diez mil. Hala, como un elefante con esteroides.

Resulta que el transportista, por una razón que hoy sigo sin conocer, decía que no llegaba hasta el refugio. Yo hice todo lo posible por convencerlo. Que el camino está perfecto, que por ahí han pasado todo tipo de camiones, ¡que cómo quería que fuera yo a por el depósito gigantesco ese, que no es un paquete de Amazon, precisamente! Pues nada, que no nos lo traía.

No solo eso, sino que lo dejaba en la otra punta del pueblo. Definitivamente, había algo en San Pedro que le echaba para atrás. ¿Un tema de amoríos? ¿Deudas de juego? ¿Temor a una maldición? A lo mejor era que le daban miedo los perros. Jamás lo sabremos. La cuestión es que dejó el depósito de diez mil litros en la entrada del pueblo y tuve que ir a por él.

Sí, un depósito vacío de plástico (PVC) no pesa lo mismo que uno lleno, de acuerdo. Pero seguía siendo un mamotreto que no había quien lo moviera a cuatro kilómetros de donde se supone que tenía que estar. Tenía que encontrar una solución como fuera.

Cuento con un carro que sirve para muchas cosas en el día a día. Lo uso para sacar la basura, transportar material, llevar cosas de la obra, etc. Tenía claro que lo iba a usar. Lo que no tenía tan claro era cómo montar el cacharro ese en el carro (que tampoco es que sea muy grande).

Por suerte, como he contado muchísimas veces (y no me cansaré nunca de hacerlo), tengo la ayuda de mis amigos y de mi familia. Entre Vajtan, Asier, mi padre y yo, aupamos el depósito encima del carro, pasamos unas ligas por encima para sujetarlo bien y lo remolcamos con el coche. Lo fuimos llevando poquito a poco, a velocidad de paseo por un parque una mañana de domingo. Vajtan y Asier iban a los lados del depósito todo el rato, para evitar que se moviera más de la cuenta con los baches, y yo, subido en el depósito para sujetar las ligas. PVC Surfer, sería mi nombre de superhéroe. Al loro, Marvel.

No hace falta decir que dimos el espectáculo en el pueblo. Los vecinos se echaron unas buenas risas al vernos a los tres sujetando el depósito de las narices, mientras mi padre iba por las calles en primera, despacito, muy despacito.

Con todo, tuvimos un final feliz, el depósito llegó a su destino sin que nadie saliera lastimado y hoy en día les proporciona agua a todos mis panas. Ah, y me devolvieron los gastos del envío, claro. Faltaría más.

La última anécdota es la de la conversión de las vallas en

muros. Este ha sido mi caballo de batalla desde el principio. Por lo mucho que lo menciono se tiene que notar, ¿verdad?

Pues bien, cuando fui consciente de que levantar una pared no es una cosa que se haga así como así, decidí invertir una parte de los fondos de Zooasis en contratar a unos profesionales de San Pedro. Sé que podría haberlo hecho yo con ayuda de mi suegro y de mi padre, y que también mucha gente se habría ofrecido a ayudar, pero prefería ponerme en manos de profesionales.

Por un lado, yo no me veía suficientemente diestro como para hacerlo lo bastante bien. Por el otro, a mi suegro y a mi padre los tengo explotadísimos. También está el hecho de que los profesionales trabajan mucho más rápido y, bueno, saben lo que hacen.

Y por último, mucha gente se ha ofrecido a ayudar pero, a la hora de la verdad, no se ha presentado nadie. Entiendo que la localización del refugio no le viene bien a la mayoría, que el transporte hasta aquí es muy mejorable y que todo el mundo tiene cosas que hacer. Es comprensible y no culpo a nadie. Además, por cuestiones de seguros y prevención de accidentes, la cosa se complica muchísimo.

Por eso, mejor para todos si recurrimos a profesionales, que son los que saben y que también son los que se ganan la

vida con esto. Por suerte, en ese momento había dinero para ello. Y tampoco es que fuera un capricho; era necesario para seguir adelante con el proyecto.

Con todo, y aunque haya albañiles contratados, yo sí que arrimo el hombro (el bueno) para hacer las casetas. Con esos muros de solo un metro de alto me puedo apañar y no tengo miedo de que se caigan. Con los de dos metros del cercado del refugio ya es otro cantar.

La anécdota aquí la pongo yo; y es la rabia enorme que en el fondo me da la nueva construcción. Me explico. La construcción de Zooasis está muy lejos de ser perfecta. Normal, se hizo con muy pocos medios y por gente que no se dedica a la construcción (menos mi suegro, claro).

Pero, en su mayor parte, la levanté yo con mis propias manos. Y, pese a que le faltan muchas cosas, me da rabia tirarlo todo abajo para construir algo nuevo. Está claro que va a estar mucho mejor, pero lo otro lo había levantado yo mismo. Me demostré que era capaz. Por eso ahora, cuando me toca reconstruirlo, tengo un nudo en el estómago. Es difícil de explicar. Pero se me entiende, ¿verdad?

En fin, los panas están ahora mucho mejor, el espacio se aprovecha a las mil maravillas y las construcciones son sólidas. Todo bien.

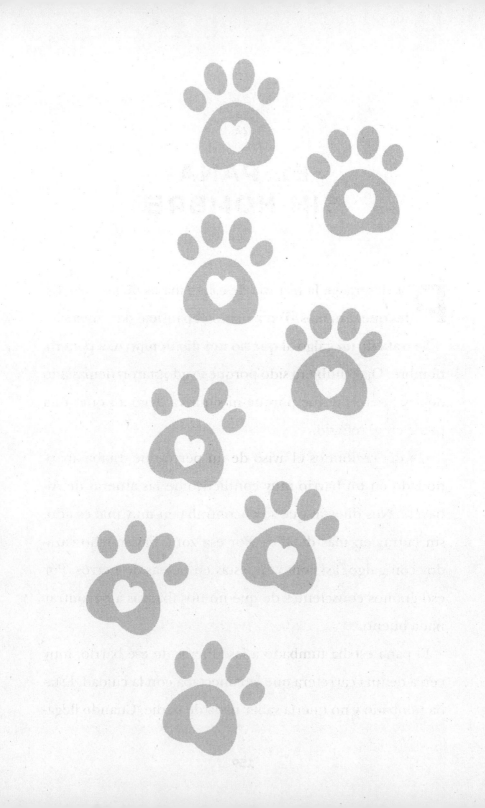

EL PANA
SIN NOMBRE

Por desgracia, la historia de este pana es de las más tristes que tenemos. Ten a mano el paquete de clínex.

Se trata de un galgo al que no nos dio tiempo ni a ponerle nombre. Ojalá hubiera sido porque lo adoptaron demasiado deprisa, pero no, fue porque ni siquiera llegó a poner una patita en el refugio.

Un día recibimos el aviso de un perro que estaba abandonado en un barrio muy conflictivo de las afueras de Albacete. Nos dijeron que se encontraba en muy mal estado, sin entrar en más detalles. Por esa zona hay mucho cazador con galgo, así como apuestas en peleas de perros. Por eso éramos conscientes de que no nos íbamos a encontrar nada bueno.

El pana estaba tumbado a las afueras de ese barrio, muy cerca de una carretera que lo conectaba con la ciudad. Estaba tumbado y no quería saber nada de nadie. Cuando llegamos, apenas se movía, estaba sangrando por la nariz y por la boca y se había hecho pis y caca encima.

Al encontrarlo así, nos temimos que tuviese una lesión en la médula o algo por el estilo. Como se encontraba cerca de una carretera, lo más lógico era pensar que lo habían atropellado y que él se había orillado por su cuenta a la cuneta lo mejor que había podido. No había tiempo que perder, así que, con muchísimo cuidado, lo montamos en el coche y nos lo llevamos al veterinario.

De camino, ya veíamos que la cosa era grave. Los perros son animales duros, pueden aguantar unas condiciones terribles y seguir respondiendo. Incluso algunos que he visto malheridos mostraban señales de vitalidad. Este, en cambio, no hacía nada. Yo siempre les sujeto el morro a los perros que no me conocen de nada cuando los manipulo, por si intentan morderme, pero con este no era necesario. No hacía nada.

Y no era porque estuviera inconsciente. Él me miraba y movía la cola como podía. De alguna manera, estaba agradeciéndonos que hubiéramos ido a por él y lo hubiéramos sacado de aquella cuneta.

Efectivamente, la radiografía indicó que este pana tenía la médula rota. No solo eso, sino también otros muchos huesos destrozados. El veterinario fue el primero en decir que no había operación que salvase a aquel galgo. Nosotros sabíamos lo que eso significaba.

Lo duro del asunto llegó cuando también nos dijo que aquello no se debía a un atropello. Aquello era un palazo. O, más bien, un montón de palazos. Duele mucho cuando un profesional te dice que un perro no se puede salvar porque alguien le ha dado una paliza. Una paliza de muerte.

Quien fuera, por el motivo que fuera, había decidido volcar sus miserias en aquel pobre animal y con una furia descontrolada. Por los hematomas y la forma de las heridas, le había dado con un palo, una cadena o una barra metálica. También lo había pateado en repetidas ocasiones, porque hacerle tanto daño a un perro grande como puede ser un galgo adulto no es tan simple. No es algo que ocurra por accidente.

Pero ¡ojo!, que quien es capaz de cometer una atrocidad así con un ser vivo, podría hacerlo con una persona. Alguien con esa rabia y esa muestra de violencia y crueldad es un peligro para la sociedad. Ese malnacido anda suelto y debería estar entre rejas por el bien de todos. Ese es otro motivo más por el que es tan importante que haya leyes fuertes que protejan a los animales contra el maltrato.

Dejamos a nuestro pana sin nombre en manos del veterinario para que lo durmiera. Recuerdo el malestar que me entró nada más salir de la clínica. Es de esos tragos que nunca se olvidan. Sentí una impotencia muy difícil de gestionar.

Llevado por la mala sangre que me entró, grabé un vídeo sacando todo lo que nacía de dentro. Fue un vídeo terrible, plagado de desesperación. Nunca lo llegué a publicar. Lo borré. Y menos mal.

Sí que hablé de él, de este pana sin nombre, una vez que ya estaba más tranquilo y había vuelto a mis cabales. De lo que le había pasado, de cómo le había pasado. De lo terrible que es que todavía en el año en el que estamos sigan ocurriendo barbaridades como esta. Es recordarlo y volver a revivirlo todo.

Vaya este libro como homenaje para este y todos los panas que nunca llegaron a tener nombre.

NO NOS
LOS MERECEMOS

Es posible que esta sea la frase oficial de todos aquellos que hemos compartido tiempo con perros. No nos los merecemos. Creo que, más que una frase hecha, se trata de una realidad irrefutable.

La característica que mejor conocemos del perro, la más famosa de todas, es la fidelidad. Te sigue siempre adonde vayas, pase lo que pase, y nunca te traiciona. Y, bueno, es cierto, pero creo que si nos quedamos solo con eso no les estamos haciendo justicia. Reducir a los perros a su fidelidad es quedarse muy corto si pensamos en lo muchísimo que nos dan. Ya no estoy hablando solo de todos los trabajos que pueden hacer por nosotros para facilitarnos la vida, me refiero al factor emocional.

Para empezar, los perros son energía y vitalidad. Está claro que los más pequeños son más vivarachos y los grandes tienen mayor tendencia a la pachorra, pero, en líneas generales, los perros son vida pura. A lo mejor se pasan una tarde sesteando, pero al segundo de verte llegar ya están listos para cualquier aventura.

Y una aventura para un perro es cualquier cosa. Que le des un premio, le enseñes un juguete, le ofrezcas una chuche o lo saques para comprar el pan. Porque otra característica de ellos es que siempre son felices. Con nada que hagas ya están moviendo la cola. Aunque tengan hambre, frío o calor. Aunque vivan en las condiciones más miserables. Son felices por defecto. Y eso se transmite, lo quieras o no.

Viven el momento con una pasión y una libertad que ya nos gustaría a nosotros. Para ellos no hay preocupaciones, ni remordimientos, ni ansiedad por lo que pueda venir. Son especialistas en disfrutar cada momento del presente. Y es que para ellos no hay nada más allá de lo que están sintiendo AHORA.

Otra cosa de la que no se suele hablar es de lo cariñosos que son. Esto se debe a que, hasta hace relativamente poco, los perros se han considerado como animales de trabajo principalmente. Pues bien, un pana jamás va a negarse a una buena sesión de mimos y arrumacos. Da igual cuánto tiempo (¿doce horas de mimos? POR FAVOR Y GRACIAS) o en qué parte del cuerpo (la cabeza, el morro, las patas, la cola... SÍ, SÍ, SÍ Y SÍ). Los mimos son mimos y siempre son bien recibidos.

Tampoco verás a un perrete diciéndole que no a subirse al sofá contigo (y sin ti, menudos son) o a la cama para dormir juntos. Son máquinas de dar y recibir amor. Constantemente, en todas las circunstancias posibles. Y si es entre cojines, mucho mejor.

Además, los perros quieren de una forma muy particular. Sin reservas, dándolo absolutamente todo. Te aman con locura, hasta casi con desesperación. De una forma que nunca verás a un humano. Y es que ellos para nosotros pueden ser algo importantísimo: nuestros amigos, compañeros e, incluso, parte de nuestra familia. Pero nosotros para ellos lo somos todo. TODO.

Más características perrunas que no se suelen mencionar: cómo nos entienden. Cualquiera que tenga perro sabe el nivel de comunicación y entendimiento que puede llegar a tener con su pana. Se suele decir «les falta hablar», pero yo creo que no es así: no necesitan hablar para entendernos y hacerse entender. Ya solo con sus gestos y sus sonidos les basta y les sobra para dejarnos muy claro lo que quieren.

Esto no es raro. No olvidemos que llevamos conviviendo con ellos muchos miles de años. Ya no son los lobos de la edad de las cavernas, son nuestros compis. De hecho, y aunque parezca increíble, hay muchos estudios que lo demuestran. Resulta que se ha comprobado que algunos animales mucho más inteligentes, como los chimpancés, no entienden uno de nuestros gestos más básicos: señalar con el dedo. Tú le señalas algo a un chimpancé y se queda mirando el dedo sin entender muy bien qué leches te pasa. Bien, haz la prueba con tu pana y señala un sitio (mejor si es un gesto muy claro y expresivo). Ellos miran hacia donde nos dirigimos. Hasta ahí una pequeña muestra de su nivel de entendimiento con nosotros. Flipante.

Más cosas flipantes de los perretes: lo divertidos que son. Y es que no son unos animales de compañía cualesquiera. Como tienen tanta energía y siempre están atentos a nosotros, siempre vamos a poder hacer alguna actividad con ellos si queremos. Luego te pedirán sus buenas horas para descansar, pero te van a dar todo el entretenimiento que quieras. Si no, fíjate en los equipos que se forman entre niños y perros. Se tienen el uno al otro y es como si se formara una burbuja donde no necesitaran nada ni a nadie más.

Y son nuestros compañeros en todo momento. Puedes ir con ellos de viaje, pasar un fin de semana fuera, mudarte de continente, etc. Te acompañarán y siempre lo harán

con buen ánimo. Mientras estén con su pana no peludo, serán felices y estarán dispuestos.

Está claro que también tienen sus cosas negativas. Bueno, yo no lo llamaría así, más bien diría que no son perfectos. Con esto me refiero a que requieren un mantenimiento, es decir, que no podemos tenerlos de cualquier manera. Son una responsabilidad que tenemos que tomarnos muy en serio. Ellos, desde luego, nos tendrían como reyes.

No nos los merecemos y, sin embargo, ahí los tenemos. Nuestros compañeros desde que el mundo es mundo. Podrá pasar lo que sea con nosotros. Podrá venir un meteorito, podremos destruirnos con una guerra nuclear, podremos mudarnos a la Luna o a Marte. Pero siempre tendremos a nuestros panas con nosotros. Y eso es una suerte inmensa.

EL PROCESO DE ADOPCIÓN EN ZOOASIS

Si a lo largo de todas estas páginas te han entrado ganas de adoptar a uno de nuestros panas (que digo yo que un poquito sí, ¿no?), aquí detallo cómo es el proceso. Esto, aunque en realidad es lo más lógico del mundo, a muchos les coge desprevenidos. El motivo es que, aunque siempre hay mucha necesidad de encontrarles hogar a los perretes, no dejamos adoptar a cualquiera. Hay que cumplir unos mínimos de calidad. Si no, ¡nanay!

Primero de todo, si ya nos conoces y quieres poner un pana en tu vida, lo que tienes que hacer es visitar nuestra web. Allí encontrarás una lista de todos los perros que están en adopción. Si lo tuyo es más bien ofrecer una ayuda, puedes hacer una donación mensual o puntual, o bien apadrinar a algún panita, pero, de nuevo, hay que verlo en la web, cada uno en su sección.

En este apartado puedes ver las fotos del perro en cuestión y también leer la descripción. Esto último es muy importante para que sepas cómo es el perro y vayas viendo desde el principio si se trata de un animal compatible contigo, tu casa y tu modo de vida. No es lo mismo un chihuahua que un gran danés.

Si todo te cuadra y quieres seguir adelante, lo siguiente es rellenar el cuestionario de adopción. Básicamente, la información más relevante que se puede dar ahí es, en caso de que surja un inconveniente serio (que alguien de la familia le coja miedo al perro, se desarrolle una alergia, te mudes de repente a Nueva Zelanda o cosas así), qué va a pasar con el pana. Porque, por mínimo que sea, si hay riesgo de que el perro vaya a ser devuelto o, mucho peor, vaya a ser abandonado, se están perdiendo ya muchísimos puntos en el proceso de adopción.

Lo siguiente, también muy importante, es saber dónde va a vivir ese pana. Porque no nos vale que el perro vaya a estar a la intemperie o, como mucho, en una caseta en un patio. Le estamos buscando un hogar de verdad, así que si el solicitante no le va a dejar estar por toda la casa con el resto de la familia, muy mal asunto.

Y es que en Zooasis lo tenemos clarísimo: el perro debe

sentirse tan a gusto en tu casa como cuando te visitan tus familiares, tus amigos y las personas a las que quieres. Si cuando ellos van a tu casa los tratas lo mejor posible, entendemos que a tu pana también. Si no va a tener lo mejor de ti y de tu hogar, no nos vale.

No somos tan restrictivos con asuntos económicos o laborales como en otros refugios. Algunos piden nómina, contrato de trabajo estable, contrato de alquiler y cosas por el estilo. Yo lo único que pido es que los dueños sepan muy bien que, vayan adonde vayan, el perro tiene que ir con ellos. Y estar bien. Lo demás, me parece muy restrictivo y más propio de una inmobiliaria que de un refugio de animales.

Y es que los perros que no son de raza salen, por regla general, bastante económicos. Como ya hemos comentado antes, los chuchos ratoneros más cruzados que un paso a nivel suelen tener muy buena salud toda su vida. Es importante llevarlos al veterinario, por supuesto, y también es posible que les surja algún problema, claro, pero tienen muchos menos gastos que labradores, *bulldogs*, pastores alemanes, etc. Eso es así.

De modo que muchos de los perros del refugio no van a suponerte grandes gastos: pienso, vacunas y alguna cosita más (la cama, algún juguete, correas, bozal, comedero y bebedero). Como Kiko que, aparte de la comida, solo gasta unos cincuenta euros al año. Aunque el caso de Kiko es especial, ya que pronto empezaremos a pagarle su nómina por el trabajo que hace para Zooasis.

De cualquier modo, insisto, no hace falta que traigas aquí tu nómina. Guárdate eso para cuando te toque sacarte una hipoteca. Y ánimo. De hecho, prefiero a alguien que, aunque no tenga mucho dinero, me garantice que el perro va a estar bien, antes que a alguien forrado que luego no deje a su pana entrar en la cocina ni subirse al sofá, o no le haga ni caso. Como pasó con Connor, por ejemplo, que venía de una familia de millonarios (a mí me lo dio la sirvienta por la puerta de servicio) y no lo querían.

Para terminar de asegurarnos de que el futuro hogar del pana va a ser el mejor posible, damos un paso más. Yo, personalmente, me encargo de llamar al adoptante y de hacerle varias preguntas. Y como las mentiras tienen las patas muy cortas, ahí terminan saliendo los secretos inconfesables de quienes tienen intenciones oscuras. Que no hemos nacido ayer.

Yo no soy un tipo maleducado ni le he dicho jamás nada borde a quien ha intentado engañarnos en este tema, pero no me han faltado ganas de mandar a zurcir ojetes a más de uno. En fin, en parte no lo hago porque es una pérdida de tiempo. Me llevo yo un sofocón por algo que no va a pasar, así que, cuando detecto un engaño, suelto un «nos pondremos en contacto» y se acabó.

Por suerte, gracias a las redes sociales, que es por donde nos llegan la inmensa mayoría de las peticiones de adopción, ya se sabe de qué pie cojeamos en este refugio y lo muy exigente que me pongo. Así que los perfiles más problemáticos no suelen ni acercarse a Zooasis. Mejor así.

Sin embargo, es verdad que echamos muchas peticiones para atrás a lo largo de todo el año. Los grandes éxitos son:

Quienes buscan una raza en concreto de perro. No.

Quienes quieren el perro para tenerlo guardando una parcela. Ni de broma.

Quienes lo quieren para cazar, peleas o alguna brutalidad por el estilo. Mala suerte.

Quienes quieren darle un «uso» al pana más allá de proporcionarle un hogar y una familia. Hasta luego, Mari Carmen.

Y ya estaría. En realidad no es un proceso tan exigente y la mayor parte de las solicitudes salen adelante. Solo hace

falta ser buenas personas y no tener ideas equivocadas de lo que supone tener un perro. De verdad, no es tan difícil.

Espero que esto no te haya echado para atrás y te animes a enviar tu cuestionario. Venga, que no mordemos. Como mucho, ladramos un poquito.

SIN AYUDA
NO HAY REFUGIO

Más cosas sobre las que me he hartado de hablar en este libro y que, incluso así, creo que deberían quedar todavía mucho más claras: la importancia de la ayuda o por qué es tan necesario colaborar en un proyecto como Zooasis.

Y es que aunque se suele pensar que en el año en el que estamos la gente está muy concienciada con el bienestar animal, ya te digo que no es tan así. Sigue habiendo muchos casos de maltrato, abandono y perros que viven en malas condiciones.

Se dice que las tasas de abandono de perros han bajado, pero esto es algo que no me acabo de creer. Sobre todo porque, si alguien deja a su perro en un refugio, ya no cuenta como abandono. Y no, sigue siendo un abandono igual de horrible que siempre: un refugio está bien para acoger temporalmente al panita al que no le queda más remedio, pero no es un hogar de verdad. Es un abandono con todas sus letras.

También, pese a todo, sigue costando mucho encontrar un buen hogar para ellos. Un hogar que de verdad funcione, como hemos visto hace poco.

Circula una leyenda que no es del todo verdad. Se suele decir que los refugios y asociaciones recibimos mucho dinero del Estado o de fondos europeos, que con eso ya tenemos de sobra. Y no es así para nada. Como mucho hay un refugio por ciudad recibiendo estas ayudas. Y ya te digo que tampoco son tan cuantiosas como para que esa asociación pueda darse la gran vida.

Lo normal es que los refugios o santuarios de animales se mantengan por sus propios medios, sin ayudas estatales. Y es que sobrevivimos gracias a lo que aportan nuestros donantes y padrinos. No queda otra.

Y hay muchas formas de ayudar a una asociación como la nuestra. Quien tiene dinero lo tiene más fácil: colabora con donaciones y con eso ya está dando mucha ayuda. Pero quien no tiene dinero también puede hacer algo. Estamos hablando de donar cosas de sus perros que ya no usen y que estén en buen estado o, por ejemplo, acudir para ayudar en lo que se pueda. Sobre todo, paseando a los panas, que eso siempre nos viene bien. A nosotros y a cualquier otro refugio. No conozco ninguno que haya dicho que no a alguien que se ofrece a dar paseos.

Pero es que la ayuda no se termina ahí. A quien no le sobra el dinero y tampoco dispone de mucho tiempo libre para ir a pasear panas, todavía puede hacer mucho por nosotros desde su casa, con el móvil. Por ejemplo, compartir una publicación en redes de un perro que está buscando un hogar o mandar una petición especial para operar a un pana a alguien que sepa que le puede interesar. Porque a lo mejor esa persona no me sigue a mí directamente, pero sí a él. Y es que compartir es la mejor forma de llegar a todos los rincones.

También funciona solo con darle a me gusta o comentar cosas positivas y constructivas, para ayudar a hacer «ruido». Y eso se consigue incluso teniendo solo mil o quinientos seguidores en Instagram. Eso ya es muchísimo para asociaciones sin ánimo de lucro que están luchando cada día.

Porque uno de nuestros lemas es que sin ayuda no hay refugio.

Yo reconozco que he cometido muchos errores a la hora de montar Zooasis. A ver, es normal, empecé prácticamente desde cero y muchas de las primeras decisiones que iba tomando venían de prueba y error, prueba y error, prueba y error. Uno de los principales fallos que cometí fue creer que podría llevar esto sin ninguna ayuda. Solo por mis propios medios.

Pues no, por muchas ganas y buenas intenciones que se tengan. No es la forma. Hay que dejar que los demás ayuden y que lo hagan como mejor puedan. Un proyecto como este podría parecer pequeño sobre el papel, pero luego llega la hora de la verdad (y los miles de imprevistos) y no hay manera de organizarse. Porque, para ello, me harían falta mil brazos, como las deidades hindúes, y sobre todo porque los milagros ocurren. Que sí, que no es solo cosa de las pelis de Disney, que a mí me ha pasado. Recuerdo cuando se rompió el grupo electrógeno, el motor que nos da la electricidad, y eso fue un marrón totalmente inesperado, porque soltar de golpe mil euros no es lo que mejor sienta un martes por la mañana.

Como ya sabes, yo publico todo lo que va pasando en el refugio. Lo bueno y lo malo. Hice un vídeo sobre esto, más por lamentarme de la mala suerte que para conseguir ayuda, la verdad. Pues de inmediato se puso en contacto con nosotros el dueño de una empresa muy importante de congelados de Albacete. Se presentó en persona en el propio refugio. Me dijo que era seguidor nuestro y que estaba encantado con la labor que hacemos. Cruzamos tres o cuatro frases, no más, y cuando le dije que iban a ser mil euros, se sacó del bolsillo un señor taco de billetes y me los dio uno detrás de otro. Mil pavos en billetes de veinte. Tocotó.

Yo seguía con la cara de pasmado mientras él me decía que si necesitaba cualquier otra cosa, lo avisara. Y aunque han pasado ya unos cuantos años, aún hoy sigo flipando cada vez que lo recuerdo.

Claro, sabiendo que tengo un seguidor así, procuro no estar recurriendo a él. Es muy goloso saber que tienes a alguien ahí que podría solucionarte cualquier problema, pero tampoco es que deba ser el caso. Así que nunca le escribí ni nada.

No hizo falta, ya que una vez, en una de las denuncias que nos han llegado en estos años (han sido más de las recomendables, como he explicado ya), volvió a aparecer nuestro benefactor enmascarado. Bueno, yo sé quién es y le he visto la cara, pero él prefiere mantener el anonimato para el resto. En este caso, la denuncia era de seis mil euros y él nos ofreció a sus abogados, que seguro que podían ayudarnos. También dijo que si no salía adelante la apelación, él pondría los seis mil o los que fueran. Por suerte, nada de eso llegó a ocurrir porque la propia administración nos quitó la multa. Pero, de nuevo, es una pasada saber que alguien puede respaldarnos de esa forma.

Y es que la ayuda lo es todo, porque, lo digo una vez más, sin ayuda no hay refugio.

CON EL ALMA EN VILO

El caso de Alma es muy parecido al de nuestro pana sin nombre. Se trata de una perreta que había sido apaleada antes de tener la oportunidad de llegar al refugio. Con mejor suerte que él, menos mal.

Llegó con muchas heridas a Zooasis, aunque ninguna seria. Pero, sobre todo, traía un trauma enorme, mucho más grande que ella. Porque, claro, los perros son seres muy sensibles y todo lo que viven les afecta igual que a las personas, o incluso más. Les afecta pasarse la vida amarrados en una parcela, estar solos, ser abandonados o recibir malos tratos, como le ocurrió a Alma. Quien se piense lo contrario es que no ha visto a un perro ni por la tele.

A esta sensibilidad tan desarrollada que tienen se le suma otro factor muy importante: no saben por qué les ocurren ciertas cosas. A nosotros nos puede pasar algo muy malo, pero podemos llegar a comprender por qué y, así, interiorizarlo y superarlo. Pero un perro no tiene esa capacidad. Por eso mismo, sufren más que los humanos en casos de traumas.

Alma, claro está, llegó con muchísimo miedo. Desde que puso una pata en el refugio, se pasaba todo el rato arrinconada y mirando a la valla, de espaldas a los demás y temblando más que un flan sobre el salpicadero de un tractor. Tampoco se llevaba bien con los otros panas. Si se le acercaban, los rehuía. Y yo temía que entrase en pánico y, en un arrebato, atacase a alguno. Además, si yo intentaba tocarla, o aunque fuera solo acercarme, la pobre lloraba y se hacía pipí allí donde estuviese.

Sentía muchísima impotencia al ver que no podía hacer nada por ella, más allá de darle cariño y tener paciencia. Y más todavía porque yo sí sabía qué había causado ese trauma tan inmenso.

Resulta que estas dos son las armas más poderosas con las que podemos contar los que trabajamos con perros: el cariño y la paciencia. Hay que dejar a Alma a su aire. Si quiere acercarse, estupendo, mejor. Que no (la recuperación no es lineal, pasa por fases que pueden tener altibajos), pues no pasa nada, se la deja que vaya a su ritmo. No tenemos ninguna prisa: lo único que importa es su recuperación, ya sea dentro de un mes o dentro de un año.

Siguiendo esta filosofía, muy poco a poco, sin forzarla, respetando su espacio y sus tiempos, ella fue abriéndose a los demás. Ayudó que la pusiera con una selección de panas muy buenos y muy tranquilos, que interactuaban con ella, pero siempre con mucha calma. Son las fuerzas especiales de Zooasis. Mi grupo de confianza.

Así, día tras día, muy despacito, la íbamos viendo mejorar. Incluso conmigo, que soy humano. Me siguen maravillando los perros. Cualquier otro animal odiaría para siempre todo lo que le recordase mínimamente a esos humanos que lo han maltratado. Ellos, en cambio, no. Siempre tienen espacio en su corazón para nosotros. Estos animales son la leche.

En la actualidad, Alma sigue teniéndole miedo a otras personas, eso es verdad. Conmigo, es más una cuestión de tolerancia que otra cosa. Yo también le iba dando chuches para ganarme su confianza. Pero bueno, esos avances me valían al cien por cien.

Todo esto nos indica que los perros son muy duros físicamente, de acuerdo, pero cuando sufren una herida emocional quedan marcados para siempre. Pueden mejorar y recuperar cierta normalidad, pero destrozarlos mentalmente es la mayor crueldad que se pueda cometer con ellos. No son bichos simples que no sienten ni padecen. Nada por el estilo.

Con ella hicimos una excepción a la hora de ponerla en adopción. El refugio sirve de santuario para los panas; es decir, que sirve para curarlos y recuperarlos. Así que, por regla general, hasta que no estén al cien por cien no los ponemos en adopción. Lo que pasaba con Alma era que tenía que avanzar el proceso porque ya solo le quedaba estar en un hogar. Solo así terminaría de recuperarse.

Claro, aquí ya entraba el encontrar una familia adecuada para ella. Porque con esas características no le valdría cualquiera. Ni siquiera alguien que sí podría adoptar a cualquier otro pana. Tenía que ser especial.

Para que veas que cada caso tiene su propia ciencia y que nuestro trabajo no es tan simple como podría parecer en un principio.

UNA VIDA MUY PERRA, PERO MUY POCO PANA AL MISMO TIEMPO

Pese a lo mucho que ha avanzado la sociedad, hemos heredado de generaciones anteriores la consideración que tenemos de los animales. Sobre todo, aquellos que vivimos en lugares donde tradicionalmente se han utilizado como herramientas de trabajo. A los perros siempre se les ha visto como chuchos que ni sienten ni padecen y que están ahí para satisfacer nuestras necesidades hasta que se mueran o dejen de sernos útiles.

Con esa forma de ver las cosas, no era raro tener a un perro en una parcela o en un vallado, usándolo de alarma contra ladrones. No pasaba nada, era la utilidad del perro, ¿para qué otra cosa servía si no? Es ahora, más recientemente, cuando está empezando a verse que tienen sentimientos, preferencias e incluso personalidades. Vemos que les gustan cosas (premios, mimos, que jueguen con ellos, pasear para olisquear y socializar con otros panas, estar con gente, conocer lugares nuevos, subirse al sofá...) y otras no les gustan nada (el frío y el calor extremos, estar solos, los ruidos que son difíciles de explicar, el veterinario, la aspiradora...).

Estas son cosas, como decía, que estamos viendo ahora, en los últimos años, y menos mal que es así. Pese a ello, todavía me cruzo hoy con gente que se piensa que el perro, aunque esté solo en una parcela, está bien mientras no le falte techo, agua y comida. Y no, ir a visitarlo una vez a la semana no es hacerle compañía. Es que ni siquiera basta con una vez al día. Los perros necesitan estar siempre con sus panas humanos. Todo el tiempo del mundo es poco para ellos. Así que un perro solo en una parcela, aunque sea la más maravillosa del mundo, está abandonado. Y eso es una forma de maltrato.

Y lo sé muy bien. En casos que conozco de «perros de parcela», como los llamo yo, se puede ver que se crean caminitos perfectamente marcados. Esos caminitos los hace el perro de andarlos cientos, miles de veces. Eso se debe a un fenómeno llamado estereotipia, que se refiere a comportamientos obsesivos y compulsivos motivados por el encierro y el aislamiento. Se aburren, se estresan, lo pasan mal, se les va la cabeza. Y es que los perros son animales tremendamente sociales. Tenerlos aislados es para ellos una tortura tan cruel como podría serlo para ti.

En esos casos que conozco también se daba otro fenómeno: después de su único paseo semanal, a la hora de regresar a la parcela, el perro no quería volver, porque sabía que después de eso le tocaba volver a pasarse una semana solo. Y eso es el infierno en vida para ellos. Se me ponen los pelos de punta solo de pensarlo. Qué crueldad.

Para ello, tenemos el ejemplo de Nora, una perra de caza que había estado en una situación semejante toda su vida. La pobre mejoró mucho estando con nosotros, y casi la recuperamos del todo. Nada en comparación con el momento en que fue adoptada. Su nueva familia nos envió una foto de ella, subida en el sofá de su nueva casa, con una expresión de felicidad enorme que no le habíamos visto jamás.

Nos dijeron que pensaban que se había muerto, porque esta panarda se tumbó en el sofá y ya no se movió de allí nada más que para salir a pasear. Así de profundamente dormida cayó. La siesta del siglo. Si es que cada vez tengo menos dudas: el paraíso de los perros está lleno de sofás. Como un Ikea, pero hasta arriba de pelotas, otros panas, muchos postes para marcar y sus humanos.

El tema de las parcelas es más común en pueblos. En las

ciudades, con los precios que se manejan hoy en día, ya es más complicado tener estos terrenos tan amplios. Sin embargo, este tipo de abandono no es exclusivo de los pueblos, ya que en las ciudades ocurre lo mismo con los patios.

Hay gente que se piensa que el perro ya está bien en el patio solo porque está al aire libre y tiene espacio, o porque está con otros perros, o porque ve la calle y así se entretiene. Y no, para nada. Es lo mismo que pasa con las parcelas, por mucho que los saquen un par de ratitos al día. El problema es idéntico, ya que no pisan el interior de la casa para nada. Se trata de perros igualmente abandonados que terminarán presentando síntomas de estrés. Esos síntomas suelen ser que se lamen compulsivamente (llegando incluso a morderse a sí mismos), que ladran y aúllan sin parar o que empiezan a dar vueltas en círculos. La horrorosa estereotipia de la que he hablado antes.

Con esto no estoy diciendo que el perro no pueda estar en el patio. Todo lo contrario, es bueno que salga y esté al fresco tanto como le apetezca. Pero ese no es su sitio por defecto, debe poder regresar al interior cuando le parezca mejor. Su lugar está dentro de la casa, con sus humanos, como un miembro más de la familia. Porque eso es lo que es. Eso sería lo normal. Lo que de verdad no entiendo es que haya gente que

adopte (o, en el peor de los casos, compre) un animal y luego no quiera tenerlo en su casa. ¿Por qué? ¿Le molesta? ¿No le gusta? ¿Le tiene miedo? ¿A qué se debe eso? Y entonces, ¿por qué leches lo adopta? ¿Para tenerlo solo y arrinconado todo el día y no hacerle caso? Es que no me entra en la cabeza.

Lo he dicho un montón de veces en este libro, pero me parece que todas son pocas: el perro es feliz estando con su pana humano. Quiere compartir su espacio con él, seguirlo, interactuar, comunicarse. Es muy bueno que haya otros perros, desde luego, pero lo que de verdad es la felicidad para ellos es su familia humana. Alguno me llamará loco, pero es verdad. Hemos «creado» a esta especie, la hemos humanizado a lo largo de milenios, de manera que ya no son salvajes ni independientes. ¿Qué van a ser salvajes, si a mi Cheto lo sueltas en el campo y no dura ni veinticuatro horas? Los hemos hecho dependientes de nosotros. Y si queremos que estén bien, nuestra compañía es algo que les debemos. Así que ¿qué menos que contacto diario con sus panas humanos? Fíjate en lo poco que piden.

LA CAMADA
CONFINADA

Durante la pandemia, cuando Zooasis solo era un sueño (incluso antes de que llegara Connor), ya me llegó una camada de nueve panardos. Casi nadie sabía que yo iba a montar un refugio (¿cómo lo iban a saber, si no llegaba ni a doscientos seguidores?) y ¡zasca! Me llaman para decirme que hay un montón de cachorrillos de mastín buscando hogar. Bueno, es que ni cachorrillos se les podía llamar. Eran recién nacidos con un solo día de vida. Ni eso.

Y el asunto era urgente, ya que sus supuestos dueños no se iban a hacer cargo de ellos y los iban a abandonar. Eso era la muerte segura. Y una muerte muy cruel además.

Era un momento difícil para todos, ya que estábamos en pleno confinamiento, con todas las restricciones. Aun así, me las ingenié para llegar al lugar. Como el refugio aún no existía, pero yo ya tenía hecha la asociación, me firmé a mí mismo un permiso por si me paraba la policía. Y es que la camada estaba en una nave en un polígono industrial de un pueblo (de cuyo nombre no quiero acordarme) que quedaba a unas dos horas y media de mi casa. Más difícil todavía. Por suerte, cuando me pararon, no me pusieron ningún problema.

Lo poco que pude hablar con el «responsable» de la camada ni se puede llamar hablar. No había manera humana de hacer que entrara en razón. Mi postura era clara (y creo que más que razonable): podía hacerme cargo de esos perretes, pero primero deberían estar un tiempo con la madre, porque si no, no iban a sobrevivir.

Nada, fue imposible. El motivo que esgrimía este «señor» era, ojo, que si la perra se quedaba con sus crías, «perdería su esencia». Se trataba de una hembra de mastín que guardaba un recinto y que, claro, si estaba cuidando de las crías ya no sería tan eficiente haciendo su trabajo.

Madre mía del amor hermoso, poco nos pasa. Para empezar, el «trabajo» de esa perra era simplemente estar en el lugar y soltarle dos ladridos a quien se acercase. Eso no iba a dejar de hacerlo en ningún momento, tuviera cachorritos o no. Es más, al estar criando, su instinto la convertiría en mucho más protectora, por lo que iba a guardar el sitio mejor que nunca.

Por otro lado, ¿perdería su esencia? ¿En serio? ¿De qué agujero inmundo sacó ese tipo una idea así? ¿De quién pudo escuchar semejante estupidez? En serio, es de las cosas más lamentables que he oído en mi vida, y estoy seguro de que casi nada va a poder superarlo. Y mira que trabajo con perros y me han soltado cada perlita…

Traté de convencerlo por activa y por pasiva y, nada, lo dicho, imposible. Así que me vi a cargo de una camada de mastines recién nacidos, chiquititos como ratoncillos de campo. Sin haber mamado ni una sola vez de su madre. Esto último es fundamental para los cachorros, ya que fortalece una barbaridad su sistema inmunológico y están en el momento más vulnerable de toda su vida.

Para colmo, las condiciones en las que habían tenido a los perros eran lamentables. Con el afán de separarlos de la madre, los habían dejado en un establo con vacas. Y estaban de cualquier forma, rodeados de paja y boñigas. Así que, además de separados de su madre y sin mamar ni una sola vez, encima tenían una infección. Pues en esas condiciones me los llevé.

Me los traje a casa, claro, ¿a qué otro sitio iba a llevarlos si no había ni una caseta de Zooasis construida? Además, al ser tan pequeñajos ni siquiera me hubiera atrevido a dejarlos solos. Necesitaban atención constante.

Mi madre me ayudó mucho en esos días. Compramos un biberón y empezamos a darles leche de lactantes, que es la única que soportan unos panas tan pequeñitos. Y nada, mucho calor, limpiarlos y tenerlos bien atendidos las veinticuatro horas. Como haría su madre, ni más ni menos.

Me temo que esta historia no tiene un final feliz. Pasó una semana y poco a poco íbamos viendo cómo se apagaban los pobrecillos. Y es que por muy fuertes que vengan, criarse sin madre desde tan pequeños es casi un milagro. Es algo que también me dijo el veterinario.

Poco a poco, a partir de la primera semana, cada día se iba muriendo uno. El veterinario (al que no dejamos de ir en ningún momento) solo nos podía recomendar seguir dándoles leche y cuidándolos como estábamos haciendo. También nos dio pastillas para fortalecer su sistema inmunológico tanto como se pudiera. Pero no había más.

Así que de los nueve no sobrevivió ni uno. No encuentro palabras para contar el cabreo que me entró. Una impotencia muy difícil de digerir. Sobre todo cuando me acordaba del tipejo ese que, amparándose en su absurda teoría de «perder la esencia», había matado a nueve perros. A lo mejor no lo había hecho directamente, pero sí que los había condenado, que para el caso es lo mismo.

Y mi madre ya ni te cuento. Ella me decía que nunca había sentido tanto cariño por los animales, y que sin embargo ahora no podía parar de llorar. Vamos, que llega a tener en frente al tipo que abandonó a los cachorritos ¡y lo mismo tenemos que ir a juicio!

LA TIENDA
DE ZOOASIS

No me gustaría cerrar el libro con una historia tan triste. No cuando en realidad sé que estamos haciendo una labor con un impacto tan positivo en la vida de tanta gente (y de tantos panas). Por eso, he dejado para el final un proyecto nuevo que llegué a pensar que no iba a salir y que al final sí que hemos podido sacar adelante. Y me hace una ilusión tremenda. Se trata de la tienda de Zooasis.

Ya lo he comentado varias veces, y creo que es algo que ha quedado muy claro. Pero, vamos, que se pone otra vez y no pasa nada: un proyecto como Zooasis necesita mucha ayuda. Por eso mismo, estamos siempre buscando nuevas formas de financiar la asociación. Eso, claro, nos obliga a estrujarnos el cerebro para encontrar las mejores opciones y diversificar nuestra actividad. Somos un refugio para perros (algún día esperamos alojar también a otros animales) y no tenemos mucho donde elegir. Así que la idea de montar una tienda fue más que bienvenida desde el principio.

Bien, eso sobre el papel, pero en la práctica es todo un poquito más complejo. «Menuda novedad», te dirás. Sí, una tienda requiere un gasto y una inversión inicial muy potente. Y eso, por mucho tirón que nosotros tengamos en redes, no nos llega. Es que es imposible. De ahí la enorme suerte que hemos tenido de poder contar con una ayuda externa.

Se trata de un empresario anónimo de Albacete. Nos dijo que ponía el dinero para que lo montásemos todo como nosotros quisiéramos. A cambio solo pedía recuperar la cantidad cuando fuera posible, poniéndonos todas las facilidades. Así da gusto, la verdad. Tanto que, si es posible, le devolveremos más de lo que ha puesto cuando llegue el momento. Es un propósito mío y un reto personal.

Para este proyecto sí que he tenido más tiempo y he podido dedicarme más a la planificación. Es lo que tiene haber cometido errores gordos anteriormente, que aprendes. A las malas, pero aprendes. Así que, antes de abrir sus puertas, la tienda exigió varios meses de trabajo. Y solo para los preparativos.

No olvidemos que mientras he estado trabajando para

sacar adelante la tienda (que han sido muchas horas y esfuerzo) también he estado manteniendo el refugio a pleno rendimiento. Y a estas alturas ya sabes cuánto curro puede llegar a ser eso. De modo que todo el proceso ha supuesto un sacrificio importante, no solo para mí, sino también para todos los que me ayudan a diario y, sobre todo, para África. Si es que esta chica tiene el cielo ganado conmigo.

Desde el principio, sin embargo, tuve la sensación de que todo ese tiempo y ese esfuerzo estaba bien invertido. Y es que sabía que esta tienda iba a suponer la diferencia entre un refugio normal y convencional, y uno sobresaliente. El proyecto iba a ganar en todos los aspectos. Te explico por qué.

En un principio, no es una tienda más de productos animales. No comercializa todo tipo de productos relacionados con las mascotas (muchos sí, claro, porque si no la tienda estaría vacía y ni sería tienda ni nada). Más bien, el propósito de la idea es dar a conocer nuestra labor como asociación y refugio, y poner en valor qué hacemos con el dinero que allí se consigue.

Todo esto dará una visión más completa del refugio a las personas que acudan y compren. Sabrán a ciencia cierta cómo trabajamos y verán en qué se transforman sus euros. Como concepto, me parece brutal. Así de claro.

También hemos destinado un espacio a la adopción de perros. No ya solo de los nuestros de Zooasis, sino de cualquier otra asociación que quiera colaborar con nosotros y poner su estand allí. Esto es importante porque, primero, la gente conoce un punto donde acudir para hacer este tipo de gestiones; segundo, da a conocer asociaciones que a lo mejor no tienen tanta capacidad de difusión, y tercero, ofrece un lugar seguro y cómodo donde llevar a cabo las adopciones, ya que muchas veces se dan en puntos de la ciudad como parques, plazas, terrazas de cafeterías, gasolineras o centros comerciales.

Nos hubiera encantado incluir también el servicio de veterinario. O bien tener uno empleado por la asociación o bien llegar a un acuerdo de colaboración con un profesional y compartir nuestro espacio. Eso hubiera sido magnífico para el proyecto, pero no ha podido ser. Al menos, de momento. El motivo ha sido la licencia, que no es tan simple de conseguir y que ponía los gastos por las nubes. Pero, bueno, no es algo definitivo. Con el paso del tiempo, según evolucione el proyecto, veremos.

Lo que sí hemos tenido desde el principio es la peluquería para que quien quiera pueda llevar a sus panas allí y ponerlos bien guapitos y resultones para sus paseos.

Con respecto a la comida, nos hemos asegurado de poner solo productos de calidad y para todo tipo de dietas. Eso de que el perro coma cualquier cosa, las sobras o lo que vendan en el súper del barrio está desfasado. Las latas de comida húmeda que vendemos nosotros, por ejemplo, llevan un noventa y seis por ciento de carne. Noventa y seis por ciento. ¡Ni el pavo que como yo ofrece tanto!

Otra cosa en la que puede ayudarnos la tienda como asociación (y a otras asociaciones que también se sumen) es tener un lugar para organizar eventos. Es mucho mejor para todos si cualquier fiesta, presentación o lo que sea, se puede hacer en la misma ciudad de Albacete en lugar de tener que desplazarse a un terreno en mitad del monte. Que sí, que es un pinar muy bonito y los panas están allí de lujo, pero no le viene bien a todo el mundo.

Cuento todo esto como si tal cosa, pero no ha sido tan simple. Ha supuesto un cambio completo para mí, y he tenido que enfrentarme a un mundo nuevo del que no tenía ni idea. Porque con Zooasis al menos ya tenía experiencia en refugios, pero esto de proveedores, comerciales, marcas, servicios y nuevas licencias (con lo bien que ya sabes que se me dan) es un universo aparte. Y hemos hecho (hablo en plural porque, una vez más, he recibido muchísima ayuda por parte de mi entorno) un gran esfuerzo por actualizarnos.

Lo mejor es lo bien que está saliendo. De momento, está lejos de alcanzar mis sueños, que están siempre relacionados con ampliar el refugio y mejorar la calidad de vida de mis panas. Pero todo se andará. Soñar es gratis.

PUNTO
Y SEGUIDO

Hasta aquí llega este libro, que no Zooasis. El proyecto sigue adelante, como ves. Y con más salud que nunca. Con mucha energía y ganas de sacar adelante todos los retos que nos hemos propuesto (que, como puedes comprobar, son unos cuantos fregados de lo más variadito). Pero, sobre todo, con la intención de que ningún pana se quede sin su hogar y sin su familia. Ese es el objetivo número uno, nuestra meta final. Sabemos que estamos todavía lejos de alcanzarlo, pero da igual, es lo que nos mueve. Eso nos da energía para seguir adelante al pie del cañón, contra viento, marea y notificaciones urgentes de Hacienda.

Espero que hayas disfrutado los ratos que has pasado leyendo estas páginas. Que el viaje te haya resultado entretenido y te haya sacado alguna sonrisilla. Y, por qué no, alguna lagrimilla también. De esas que de vez en cuando no están mal y que terminan siendo dulces. Porque este es un final feliz.

Nos vemos en las redes.

AGRADECIMIENTOS

Quiero dar las gracias a mi familia por todo lo que estoy construyendo: a mis padres y a mi hermano, que han sido los pilares de mi vida y me han apoyado en un proyecto que no han entendido desde el principio, y aún así me han dado los mejores consejos posibles y toda la ayuda que han podido. También a mi pareja, África, quien me ha ayudado con todo, ya sea con su apoyo incondicional, con sus idas o simplemente escuchando mis locuras. No podía buscar mejor compañera de vida que ella para todo esto. A toda la gente que me apoya en las redes: sin vosotros todo esto no sería posible. Y no me puedo olvidar de los más importantes en todo esto: mis mejores amigos, todos mis panas. Todo lo he hecho por y para ellos y, aunque el refugio sea para salvarlos, hacer todo esto también me ha salvado a mí. No sé dónde estaría ahora si no fuese por Zooasis, y por ello doy gracias a todos los que están, los que estuvieron y los que estarán.